www.ingramcontent.com/pod-product-compliance
Lightning Source LLC
LaVergne TN
LVHW010837051026
849532LV00007B/2743
* 9 7 8 9 3 6 9 0 8 9 4 5 1 *

عشق اور بھوک

(مزاحیہ مضامین)

وجاہت علی سندیلوی

Ishq aur Bhook *(Humorous Essays)*

by: Wajahat Ali Sandelvi

Edition: September '2025

Publisher :

Taemeer Publications LLC (Michigan, USA / Hyderabad, India)

ISBN 978-93-6908-945-1

9 789369 089451

کتاب	:	**عشق اور بھوک** (مزاحیہ مضامین)
مصنف	:	**وجاہت علی سندیلوی**
صنف	:	طنز و مزاح
ناشر	:	تعمیر پبلی کیشنز (حیدرآباد، انڈیا)
سالِ اشاعت	:	۲۰۲۵ء
صفحات	:	۹۶
سرورق ڈیزائن	:	تعمیر ویب ڈیزائن

فہرست

انتساب

اُن باہمت ساتھیوں کے نام

جو زندگی کی جاں گسل کشمکش کے درمیان بھی

خود زندگی پر ہنسنے اور اس کا مذاق اُڑانے

سے نہیں چوکتے !

جو زندگی کی بے انتہا محرومیوں اور تلخیوں کے باوجود!

جینے کا حوصلہ رکھتے ہیں۔

نہ صرف اپنے لئے

بلکہ دوسروں کے لئے بھی۔

اور جن کی زندہ دلی موت کے بڑھتے ہوئے سایوں میں بھی

ناقابلِ تسخیر ہوتی ہے !

عبرت انگیز

جس طرح دکھانے والے دانت اور ہوتے ہیں اور کھانے والے اور، اسی طرح: دیکھنے والی آنکھیں اور ہوتی ہیں اور عبرت پکڑنے والی آنکھیں اور۔ عبرت پکڑنے والی آنکھ کو دیدۂ بینا اور اس کے خوش نصیب مالک کو اہلِ بصیرت کہتے ہیں۔ دیدۂ بینا ایک خاص قسم کی چور بتی یا ٹارچ ہوتا ہے جو دماغ کے کسی نامعلوم حصے میں خفیہ طور سے لگا رہتا ہے اور شاید اس کے لئے جگہ نکالنے کی وجہ سے دماغ کے دوسرے پُرزے ڈھیلے کر دیئے جاتے ہیں ------ اور اس سے نہ صرف اندھیرے میں دُور کی سوجھتی ہے بلکہ حاضر چیزوں سے زیادہ غائب چیزیں نظر آنے لگتی ہیں۔ لیکن خیر یہ تو اس کی ضمنی خصوصیات ہیں۔ اس کی سب سے اہم خصوصیت عبرت پکڑنا ہوتا ہے جس طرح مقناطیس میں لوہے کے ٹکڑے خود بخود کھینچ کر چپک جاتے ہیں اُسی طرح دیدۂ بینا میں عبرتیں خود بخود اُچھل کر گھس جاتی ہیں مثل مشہور ہے کہ ساون کے اندھے کو ہر طرف ہرا ہی ہرا نظر آتا ہے۔ بالکل اسی صورت سے دیدۂ بینا رکھنے والے انسان کو ہر طرف عبرتیں ہی عبرتیں نظر آتی ہیں۔ البتہ اگر اُسے کوئی چیز نظر نہیں آتی ہے

تو خود اپنی آنکھ کا شہتیر۔ اور سچ پوچھئے تو اس کے نظر آنے کی ضرورت بھی کیا؟ آنکھ اپنی، شہتیر اپنا!

ہر اہل بصیرت ہر گھڑی زندگی سے طرح طرح کی عبرتیں پکڑتا اور دوسروں کو پکڑنے کی دعوت دیتا رہتا ہے۔ گویا زندگی جد و جہد اور تجربے کرنے کے لئے نہیں بلکہ صرف عبرت پکڑنے کے لئے بنی ہے۔ خیر یہاں تک غنیمت تھا لیکن بدقسمتی سے یہ عبرتیں بھی اتنی مختلف، متضاد اور متناقص ہوتی ہیں کہ ایک عام انسان کی سمجھ میں نہیں آتا کہ وہ کس کو پکڑے اور کس کو چھوڑے اور بالآخر وہ ان کو پکڑنے کی کوشش میں باؤلا ہو کر خود ایک مرقع عبرت بن کر رہ جاتا ہے۔

کبھی یہ عبرت دلائی جاتی ہے کہ سولی پر چڑھ کر بھی سچ بولو، لیکن کبھی دروغ مصلحت آمیز کے لئے چور دروازہ بھی کھول دیا جاتا ہے۔ کبھی جیتی جاگتی دنیا کو عالم فانی بتایا جاتا ہے تو کبھی قبرستان اور مرگھٹ کی مردہ اور سنسان سرزمین کو عالم جاودانی تعبیر کیا جاتا ہے۔ کبھی تقدیر کی بے وفائی کا رونا رویا جاتا ہے تو کبھی تدبیر کی بے چارگی کا مذاق اڑایا جاتا ہے۔ کبھی ساری دنیا کو اپنی فتوحات سے تہ و بالا کر دینے کا منصوبہ بنایا جاتا ہے تو کبھی خود اپنے گھر سے بھاگ نکلنے کے لئے راہ فرار تلاش کی جاتی ہے۔ کبھی زاہدوں کی ریاکاری پر انگلی اٹھائی جاتی ہے تو کبھی رندوں کی سرمستیوں پر لاحول بھیجی جاتی ہے کبھی اپنوں کی شکایت کی جاتی ہے تو کبھی غیروں کی دہائی دی جاتی ہے۔ کبھی جیسی کرنی ویسی بھرنی کا سبق دیا جاتا ہے تو کبھی نیکی برباد اور گناہ لازم کا تازیانہ لگایا جاتا ہے۔ کبھی اپنی خودی کی ڈیڑھ اینٹ کی مسجد الگ بنانے کا فتویٰ صادر کیا جاتا ہے تو کبھی عشرت قطرہ ہے دریا میں فنا ہو جانا کا راگ الاپا جاتا ہے۔ کبھی بیوی اور بلاؤ کا نعرہ لگایا جاتا ہے تو کبھی وذا در مرد کا فرمان نازل کیا جاتا ہے وغیرہ وغیرہ۔ بہرحال دیدۂ بینا والے اہل بصیرت اس سے بالکل غیر متعلق

ہو گر کہ کس عبرت کی قسم اور نسل کیا ہے یا وہ کھیت کی ہے یا کھلیان کی، یا وہ کسی دوسرے کے لیے قابل استعمال ہے بھی یا نہیں۔ اپنی پکڑی ہوئی عبرت دوسروں کے سر تھوپنے کی کوشش میں لگے رہتے ہیں۔ انھیں تو کسی بھی صورت اور سائز کی ہو بس عبرت چاہیئے ورنہ بقول

کیسل لڑکوں کا ہوا دیدۂ بینا نہ ہوا

اب ذکر چھڑ گیا ہے تو شیخ سعدی علیہ الرحمۃ ہی کو دیکھئے۔ وہ صرف عبرت پکڑتے پکڑتے بڑی شہرت پکڑ گئے تھے۔ ان کی گلستاں اور بوستاں میں آپ کو ایک بھی ایسا درخت یا پودا نہ ملے گا کہ جس سے کسی بڑے چمگادڑ کی طرح کوئی عبرت الٹی نہ لٹک رہی ہو۔ اور پھر ایک بے چارے شیخ صاحب ہی پر کیا موقوف، پُرانے زمانے کے ہر قابل ذکر شاعر اور ادیب کو عبرت پکڑنے کا اس قدر شوق تھا کہ پہلے وہ کوئی موٹی تازی عبرت پکڑتا اور پھر اس کے گرد کوئی شعر یا حکایت گڑھ کر اس کے لیے ایک بوتل سی تیار کر دیتا تاکہ پکڑی ہوئی عبرت کے متعلق اس کے حقوق محفوظ ہو جائیں۔ عبرتیں پکڑنا ہمارے بزرگوں کا اوڑھنا بچھونا تھا۔ جہاں کہیں انھیں کوئی لاوارث عبرت مل جاتی وہ اُسے فوراً مضبوطی سے پکڑ لیتے اور پھر آئندہ نسلوں کو صراط المستقیم پر چلانے کی خاطر وہ ان پکڑی ہوئی عبرتوں کو اپنی حکایتوں، قصوں، کہاوتوں، مقولوں اور شعروں کی بوتلوں میں بند کر کے ان پر طرح طرح کے من مانے لیبل لگا دیتے تاکہ سند رہیں اور وقت ضرورت پر کام آئیں اور اگر اتفاق سے ان عبرتوں کی ضرورت سے زیادہ اتنی بہتات نہ ہو جاتی کہ وہ خلط مبحث ہو کر ہماری شامت اعمال نہ بن گئی ہوتیں تو یقیناً وہ ہم سب دیدۂ بینا سے محروم انسانوں کے لیے ایک بیش بہا سرمایۂ آخرت ثابت ہوتیں!

جس طرح کچھ لوگ عبرتیں پکڑنے کے لیے وقف رہتے ہیں اسی طرح کچھ لوگ عبرتیں پیدا کرنا بھی اپنا مشغلۂ حیات سمجھتے ہیں۔ دیدۂ بینا والے حضرات کا عقیدہ

ہوتا ہے کہ بے دقوف عبرت پیدا کرتا ہے اور عقل مند اس کو پکڑتا ہے۔ برخلاف اس کے بعض سرپھرے افراد کا یہ نظریہ ہوتا ہے کہ جن لوگوں کو زندگی بسر کرنا آتی ہے وہ زندگی سے تجربے کر کرکے عبرتیں پیدا کرتے ہیں اور جن لوگوں کو زندگی بسر کرنا نہیں آتی ہے وہ صرف عبرتیں پکڑتے پکڑتے خود ایک عبرت بن کر رہ جاتے ہیں مطلب یہ کہ ایک شخص چمن میں جاتا ہے تو پھولوں کو دیکھتا ہے۔ خوش ہوتا ہے، اُن کو سُونگھتا ہے، توڑتا ہے اور ان کے رنگ و بُو سے جی بھر کر محفوظ ہوتا ہے۔ برخلاف اس کے دوسرا شخص صرف کمہلائے ہوئے پھولوں کو سمیٹ کر آہیں بھرتا ہے۔ کانٹوں کو دیکھ کر مُنہ بسورتا ہے اور خزاں کو یاد کرکے اُس کا کلیجہ مُنہ کو آنے لگتا ہے ؎

مقام عبرت ہے یہ دُنیا جو آیا، رویا، چلا گیا

ایک صاحب بعض بزرگوں کے معیار سے کچھ نا عاقبت اندیش اور لااُبالی واقع ہوئے تھے اور اپنا زیادہ تر وقت ہنسی، مذاق اور تفریح میں صرف کیا کرتے۔ ایک روز ایک بزرگ نے اعتراض کرنے کا اپنا پیدائشی حق استعمال کرتے ہوئے پُوچھا۔ "میاں صاحبزادے! تم نے یہ کیا روش اختیار کر رکھی ہے۔ آخر تمہاری زندگی کا بھی کوئی مصرف ہے یا نہیں؟" قہقہہ لگا کر بولے۔ "پیر و مرشد! میری زندگی کا مصرف درسِ عبرت دنیا یا آپ کے مشن کی تکمیل کرنا ہے۔ لوگ آپ سے نصیحت حاصل کرتے ہیں اور مجھ سے عبرت میں ان کو دکھاتا رہتا ہوں کہ آپ کی نصیحتوں پر عمل نہ کرنے کا کیا بُرا انجام ہوتا ہے ؏

من نہ کردم شما حذر بکنید"

حضرت غالب بھی کم و بیش اسی افتاد مزاج کے واقع ہوئے تھے۔ خود تو زندگی سے نئے نئے تجربے کرتے۔ اور پھر بڑی معصومیت سے اپنے دوستوں کو عبرت پکڑنے کی دعوت دیتے ؏ دیکھو مجھے جو دیدۂ عبرت نگاہ ہو

جب اپنی زندگی سے وہ خود لُطف اندوز ہوئے تھے تو قاعدے سے

اس کی عبرتیں بھی انھیں کو پکڑنا چاہیئے تھیں۔ لیکن اس ناخوش گوار فرض کو وہ ہمیشہ دوسروں کے سپرد کر دیتے۔ وہی مثل کہ میٹھا میٹھا ہپ اور کڑوا کڑوا تھو!

آج کل کی دنیا میں جہاں ہر ایک بات میں ایک انقلاب عظیم ہو گیا ہے وہاں عبرت پکڑنے کے طریقوں میں بھی بڑی نمایاں تبدیلیاں ہو گئی ہیں۔ ایک صاحب اپنے عزیزوں اور دوستوں کے منع کرنے کے باوجود رات کی تاریکی میں دریا کے کنارے مچھلی کا شکار کھیلنے جایا کرتے۔ ایک روز پھسل کر دریا میں گر گئے، کافی دیر تک چیخے چلائے تو لوگوں نے ان کی آواز سنی اور دوڑ کر موقع پر پہنچے۔ اتنے عرصے میں وہ صاحب قریب قریب ڈوب ہی چکے تھے لیکن بہر حال پانی سے باہر نکالے گئے اور حسنِ اتفاق سے بچ گئے۔ چند روز بعد اُن کے ایک خیر اندیش نے پوچھا "اپنے اس حادثے سے کیا عبرت پکڑی تم نے؟" بولے "بس کچھ نہ پوچھئے۔ بہت بڑی عبرت پکڑلی ہے۔ میں نے دیکھا کہ چیخنے چلانے میں بڑی زحمت ہوتی ہے اور لوگ اسے سنتے بھی ذرا دیر میں ہیں۔ اب میں دریا پر ایک بین لے جایا کروں گا۔ گرتے ہی اُسے بجانے لگوں گا۔ لوگ مدد کے لئے فوراً پہنچ جائیں گے۔"

کل ہی جب پنڈت سنکٹا پرشاد نے نیچے لکھی ہوئی حکایت درجے میں سنائی تو لڑکوں نے وہ عبرت نہیں پکڑی جو پنڈت جی پکڑانا چاہتے بلکہ طرح طرح کی دوسری عجیب و غریب عبرتیں پکڑنا شروع کر دیں۔

ایک گاؤں سے ایک باپ اور اس کا بیٹا اپنا ایک خچر بازار میں بیچنے کے لئے پیدل روانہ ہوئے۔ دھوپ تیز تھی اور فاصلہ زیادہ، لہذا باپ اور بیٹا دونوں چلتے چلتے نڈھال ہو گئے۔ راستے میں ایک شخص گھوڑے پر سوار ملا۔ اُس نے باپ بیٹے کی حالت دیکھ کر کہا۔ "عجیب احمق ہو تم دونوں — آخر تم میں سے ایک آدمی تو اس خچر پر بیٹھ ہی سکتا ہے!" باپ اور بیٹے کو بھی اپنی حماقت کا احساس ہوا کہ آخر ہم لوگوں نے

خود یہ بات کیوں نہیں سوجھی تھی۔ چنانچہ ان دونوں میں تھوڑی دیر "پہلے آپ"۔ "نہیں پہلے تم" ہوا اور پھر باپ کے اصرار پر بیٹا لپک کر خچر پر سوار ہو گیا۔ اس صورت سے یہ لوگ ابھی کچھ ہی دور گئے تھے کہ ایک پیدل چلتا ہوا تھکا ہارا بوڑھا ملا۔ اس نے آنکھیں لال پیلی کر کے بیٹے سے کہا "میاں صاحبزادے ہو نہ تم کل جگ کی پیداوار؟ تمہارا بوڑھا باپ پیدل چلتے چلتے مرا جا رہا ہے اور تم مزے سے خچر پر بیٹھے ٹخ ٹخ کر رہے ہو۔ شرم تم کو مگر نہیں آتی"۔ بیٹا سخت شرمندہ ہوا اور فوراً خچر سے اتر کر باپ کو اس پر سوار کر دیا۔ اس طرح سے یہ لوگ تھوڑا ہی فاصلہ طے کرنے پائے تھے کہ ایک نوجوان راہ گیر ملا۔ اس نے باپ کو بڑے تمسخر سے مخاطب کر کے کہا۔ "بڑے میاں! تم شاید دولہا بنے شادی کرنے جا رہے ہو؟ بوڑھی گھوڑی لال لگام۔ ساری شفقتِ پدری اسی میں رہ گئی ہے کہ تم خود آرام اٹھاؤ اور اولاد کو گھسیٹ گھسیٹ کر جوانی ہی میں بوڑھا کر ڈالو"۔ باپ سخت محجوب ہوا اور فوراً نیچے اترنا چاہا لیکن بیٹے نے اترنے نہیں دیا اور بالآخر یہ طے پایا کہ دونوں ہی خچر پر بیٹھ جائیں اب اس طور سے "ایک پنتھ دو کاج" بن کر یہ قافلہ چلا تو بہت جلد خچر کے کئی ہمدرد جمع ہو گئے۔ ایک نے کہا "چوری کا جانور معلوم ہوتا ہے"۔ دوسرے نے کہا "کتنی موٹی نعشیں لدی ہیں بے چارے خچر پر؟" تیسرے نے کہا "جانور کی جان لینا ہے تو ایک دم سے اس کا گلا کیوں نہیں گھونٹ دیتے؟ سنگ دلی اور بے رحمی کی بھی حد کر دی حد!"

باپ اور بیٹا دونوں خجالت سے پانی پانی ہو گئے اور فوراً خچر پر سے پھاند پڑے اور کچھ دیر تنہائی میں مشورہ کرنے کے بعد خچر کو ساتھ لے جانے کی جو آخری ترکیب ہو سکتی تھی۔ اس پر عمل پیرا ہوئے۔ یعنی خچر کو الٹا ہی اوپر لاد کر آگے بڑھے۔ اب اس طرح تماشا بن کر یہ دونوں چلے تو خچر کی لاتیں تو گھاتے میں کھائیں

اور ان کے گرد تماشائیوں کا ایک ہجوم اکٹھا ہو کر ان کا طرح طرح سے مذاق اُڑانے لگا۔ اتفاق سے کچھ ہی دُور چل کر انھیں ایک دریا کا پُل ملا۔ تماشائیوں کی فقرے بازیوں اور خچر کی لاتوں اور بوجھ سے باپ بیٹا دونوں ہی بے چارے حد سے زیادہ عاجز آچکے تھے لہٰذا جب کسی ایک تماشائی نے انھیں یہ مشورہ دیا کہ خچر کی یہ دُرگت بنانے سے تو بہتر ہے کہ اُسے دریا میں ڈال دو تو اُنھوں نے نہ دیکھا آؤ نہ تاؤ خچر کو اُٹھا کر دریا میں پھینک دیا۔ وہ بے چارہ تو پانی میں ڈوب گیا اور یہ دونوں خالی ہاتھ گھر لوٹ آئے۔

جس طرح کوئی باورچی بڑی محنت سے کوئی مزے دار کھانا پکا کر بڑے اشتیاق سے اس کو چکھنے کی کوشش کرتا ہے۔ اسی طرح پنڈت سنکٹا پرشاد نے یہ حکایت سُنا کر لڑکوں سے پوچھا۔ "اچھا بچو بتاؤ۔ تم نے اس حکایت سے کیا سبق سیکھا؟ مطلب یہ کہ کیا عبرت پکڑی؟" لڑکے خاموش رہے غالباً وہ عبرت پکڑنے کی کوشش کر رہے تھے اور وہ کسی مچھلی کی طرح حکایت کی جھیل میں بھاگی بھاگی پھر رہی تھی۔ بالآخر پنڈت جی نے ایک طرف سے فرداً فرداً ہر لڑکے کا نام لے لے کر اپنا سوال پوچھنا شروع کیا اور وہ کوئی نہ کوئی عبرت پکڑنے پر مجبور ہو گیا ؏

فکرِ ہر کس بقدرِ ہمت اوست

پہلا:- خچر کو دریا میں ڈالنے سے پہلے اُسے تیرنا سکھا دینا چاہیے تھا۔"

دوسرا:- خچر کو دریا میں جھونک دینے کے بجائے اپنے گھر کی طرف بھگا دینا چاہیے تھا یقیناً پُرانا جانور ہونے کی وجہ سے وہ اپنے تھان پر واپس پہنچ جاتا۔

تیسرا:- بلا سوچے سمجھے خچر پر نہیں بیٹھنا چاہیے۔

چوتھا:- خچر کے ساتھ سفر نہیں کرنا چاہیے۔

پانچواں:- خچر کو اپنی طرح انسان سمجھنا چاہیے۔

چھٹا:- (تیزی سے گویا اس نے کوئی سربستہ راز دریافت کر لیا ہے) "خچر ایک بڑا خطرناک جانور ہے"۔

پنڈت جی:۔ میں تم لوگوں سے خچر کی وکالت کرنے کو نہیں کہہ رہا ہوں۔ نہ خچر کی عادات اور خصائل پر اپنی معلومات میں کوئی اضافہ کرنا چاہتا ہوں۔ میں تو صرف یہ پوچھ رہا ہوں کہ اس حکایت سے تم نے کیا عبرت پکڑی؟"

ساتواں:۔ (تھوڑی دیر سوچنے کے بعد) باپ اور بیٹے کو ایک ساتھ سفر نہیں کرنا چاہئیے۔ مطلب یہ کہ جب ایک ہی خچر ہو تو ایک ہی آدمی کو سفر کرنا چاہیے۔

آٹھواں:۔ خچر پر بیٹھ کر اس راستے سے نہیں گزرنا چاہیئے جس پر بدتمیز تماشائیوں کے ملنے کا امکان ہو۔

نواں:۔ "خچر کو ریل سے بھیج دینا چاہیئے تھا۔" (درجے کے سب لڑکے ہنسنے لگتے ہیں)

پنڈت جی:۔ (آگ بگولا ہو کر) یہ کیا خچر خچر کی رٹ لگا رکھی ہے تم خچروں نے۔ میں پوچھتا ہوں تم نے اس حکایت سے کیا سیکھا؟ یہ تمہیں کس بات کی ہدایت کرتی ہے؟

دسواں:۔ بڑھاپے میں شادی نہیں کرنا چاہیئے۔

پنڈت جی (آپے سے باہر ہو کر) یہ بڑھاپے میں شادی کا کیا ذکر اس حکایت میں؟

دسواں:۔ نوجوان راہ گیر نے یہی تو کہا تھا کہ بڑے میاں شاید تم شادی کرنے جا رہے ہو!

پنڈت جی:۔ (چیخ کر) چپ بے وقوف!

گیارھواں: پنڈت جی جب باپ اور بیٹے دونوں ایک ساتھ خچر پر بیٹھے تھے تو دونوں کے منھ ایک ہی سمت میں تھے یا مخالف سمتوں میں؟

پنڈت جی: کیا مطلب اس سے تمہارا؟ (غصے کے بجائے ان کے لہجے میں تعجب آگیا)

گیارھواں: ان کے منھ مخالف سمتوں میں ہوتے تو تماشائیوں کو زیادہ لطف آتا۔

سب لڑکے ہنسنے لگے اور ان کو ہنستا دیکھ کر پنڈت جی کو مجبوراً اپنے غصے پر قابو حاصل کرنا پڑا۔ چند لمحے خاموش رہنے کے بعد وہ پھر گویا ہوئے "بچو! پرانے زمانے کی ہر حکایت میں کوئی نہ کوئی عبرت چھپی ہوتی ہے اور اگر ہم یہ عبرت پکڑنے میں ناکام رہتے ہیں تو

اس کا صاف مطلب یہ ہوا کہ ہم حکایت کو سمجھنے ہی نہیں۔"

بارھواں: تو پُرانے زمانے کے لوگ حکایتیں لکھنے کے بجائے عبرتیں ہی کیوں نہیں لکھ دیا کرتے تھے؟

ایک آواز۔ تو پھر پنڈت جی کو نوکری کیسے ملتی؟

لڑکے ہنسنے لگتے ہیں اور پنڈت جی بپھر جاتے ہیں — "یہ کون؟ خاموش! بدتمیز کہیں کے۔"

تھوڑی دیر درجے میں خاموشی رہی۔ غالباً لڑکے اپنی ہنسی کو ضبط کرنے کی اور پنڈت جی اپنے غصے کو پی جانے کی کوشش کر رہے تھے۔ اور جب دونوں کو اپنی اپنی کوششوں میں کچھ کامیابی حاصل ہوگئی تو پنڈت جی نے لڑکوں کی عقلوں پر ایک بالکل نئے پہلو سے حملہ کیا "کیا تم دنیا میں ہر ایک کو خوش رکھ سکتے ہو؟"

کئی لڑکے: (بڑی سعادت مندی سے ایک ساتھ) "جی ہاں! کیوں نہیں۔"

پنڈت جی اب لڑکوں کی طرف دیکھنے کے بجائے چھت کی طرف دیکھنے لگے۔ جیسے کوئی دُعا مانگ رہے ہوں۔ کچھ دیر بعد بولے: "اچھا بتاؤ اپنی عقل سے کام کرنا بہتر ہے یا دوسرے کی عقل سے؟"

تیرھواں: "دوسرے کی عقل سے!"

پنڈت جی: یہ کیوں؟

تیرھواں: دوسرے کی عقل سے کام کرنے میں یہ فائدہ رہتا ہے کہ خود ہماری عقل استعمال نہیں ہوتی ہے اور اگر کام بگڑ گیا تو ہم دوسرے کی عقل کو لعنت ملامت کر سکتے ہیں اور اگر اتفاق سے کام بن گیا تو ہم فوراً اعلان کر سکتے ہیں کہ ہم نے دوسرے کی عقل کا صحیح استعمال کر کے اپنی انتہائی عقلمندی کا ثبوت دیا ہے۔

پنڈت جی: (کچھ لاجواب ہو کر) تم لوگ بات کا بتنگڑ بنانا خوب جانتے ہو لیکن عبرت پکڑنا تم کو

بالکل نہیں آتا۔ دیکھو جو حکایت میں نے تمہیں آج سُنائی ہے اس میں باپ اور بیٹے دونوں نے اپنی عقل سے کوئی کام نہیں کیا تھا بلکہ صرف دوسروں کے مشوروں پر عمل کیا تھا۔ اس کا انجام اچھا ہوا یا بُرا؟"

چودھواں: "اچھا"

پنڈت جی: "وہ کیسے؟"

پندرھواں: "وہ خچر کے بوجھ سے ہلکے ہو گئے۔"

سولھواں: "وہ مہذب ہو گئے۔ کیونکہ خچر پالنا ایک انتہائی غیر مہذب فعل ہے۔"

سترھواں: "وہ بہت جلد گھر پہنچ گئے۔ غالباً گھر پر ان کا انتظار بھی کیا جا رہا ہو!"

پنڈت جی: تم نالائقو عبرت کے معنی بھی نہیں سمجھتے! اچھا ایک بہت آسان حکایت سنو۔ ایک باپ مرنے لگا تو اس نے اپنے ساتوں لڑکوں کو اپنے پاس بُلایا اور انھیں ایک ایک دھاگا توڑنے کو دیا۔۔۔۔"

کئی آوازیں: جی ہاں! یہ حکایت ہم پڑھ چکے ہیں۔

پنڈت جی: اچھا بتاؤ تو پھر کیا ہُوا؟

اٹھارواں: ہر لڑکے نے اپنے اپنے دھاگے کو توڑ دیا۔ لیکن جب ساتوں دھاگے بٹ دیئے گئے تو ایک مضبوط ڈوری تیار ہو گئی اور اُسے کوئی بھی نہیں توڑ پایا۔

پنڈت جی: (خوش ہو کر) ہاں! ہاں! تو بتاؤ اس حکایت سے تم نے کیا عبرت پکڑی؟

اُنیسواں: "مرتے وقت وصیت نہیں کرنا چاہیئے۔"

پنڈت جی: (چیں بجبیں) تو کیا پیدا ہوتے وقت وصیت کرنا چاہیے؟"

بیسواں: ایک ڈاکٹر صاحب برسوں ہی میرے والد سے کہہ رہے تھے کہ سات لڑکے نہیں پیدا کرنے چاہئیں۔"

اکیسواں: ڈوری کو قینچی سے کاٹ دینا چاہیئے۔"

بائیسواں: ایسی چیزوں کو کاٹنے کے لئے اپنے پاس ایک بہت تیز چاقو رکھنا چاہیئے۔"

گھنٹہ بج گیا اور عبرت پکڑتے ہوئے پنڈت جی دم سے باہر چلے گئے۔

پولیس رپورٹ

(تھانے کی عمارت میں داخل ہو کر ہیڈ محرر کے دفتر کی چق کے سامنے جس کے پیچھے کچھ کھسر پھسر کی آوازیں آرہی تھیں۔ مرزا بُودم بیگ ہانک لگاتے ہیں۔)

مرزا: کوئی صاحب ہیں؟

(کوئی جواب نہیں ملتا۔ لیکن اندر سے باتیں کرنے کی آوازیں بدستور آتی رہتی ہیں)

مرزا: (زیادہ زور سے) کوئی صاحب ہیں؟ مجھے ایک رپورٹ لکھوانی ہے!

(کمرے کے اندر کی آوازوں میں کوئی فرق نہیں پڑتا بلکہ باتیں کرنے والوں میں کوئی شخص ہنسنے لگتا ہے)

مرزا: (چیخ کر) مجھے ایک رپورٹ لکھوانی ہے۔ کیا میں اندر آسکتا ہوں؟

ایک آواز: یہ کون بھونک رہا ہے؟

دوسری آواز: ذرا دیکھو تو یہ کس کی حلق میں خارش ہو گئی ہے؟

(چق کی آڑ سے کوئی مرزا کو دیکھتا ہے۔)

ایک آواز: اسامی تو کوئی موٹی نظر آتی ہے۔

مرزا: (غصے سے بھڑکنے کے انداز میں) کیا میں اندر آسکتا ہوں؟

دوسری آواز: پرسوں جب سے وہ مفتی رپورٹ لکھی ہے کچھ ایسی نسینمہ ہوگئی ہے کہ پھر سالا کوئی قاعدے کا شکار ہی نہیں پھنسا۔

ایک آواز: بلا بھی لو سالے کو: کچھ دے ہی جائے گا، اپنا کیا لے جائے گا؟

مرزا: (انتہائی غیض و غضب سے) میری اور آپ کی کسی قسم کی کوئی رشتہ داری نہیں ہے۔ تھانے کا یہ احاطہ غالباً حاطۂ تہذیب سے باہر ہے۔ میں کچھ دینے نہیں آیا، ایک رپورٹ لکھوانے آیا ہوں۔ کیا میں اندر آسکتا ہوں؟

ایک آواز: آدمی کچھ ٹیڑھا نظر آتا ہے۔ کہیں کسی نیتا کا بھتیجا یا داماد نہ نکل آئے؟

دوسری آواز: سانپ کے بل میں سانپ کو سیدھا ہی جانا پڑتا ہے۔ یہاں جائے گا، سیدھا ہی آئے گا۔ نہیں تو سیدھا کر کے بھیجا جائے گا۔

مرزا: (پیر پٹختے اور ٹوپی اتار کر بال کھسوٹتے ہوئے) کیا میں اندر آسکتا ہوں؟

ایک آواز: اجی آپ کو اندر آنے سے کس نے روکا ہے؟ آپ خود ہی تو چیخ چیخ کر اپنے آپ کو ہلکان کر رہے ہیں۔

(مرزا بڑی تیزی سے چق اٹھا کر دفتر میں داخل ہونا چاہتے ہیں لیکن چق سے الجھ جاتے ہیں۔ وہ گر جاتی ہے اور مرزا خود بھی گر ہی رہے تھے کہ دفتر کی ایک کرسی کا سہارا پا کر سنبھل جاتے ہیں۔ البتہ ان کا ہاتھ لگ جانے سے اس پر بیٹھے ہوئے ایک کانسٹبل کی پگڑی اچھل جاتی ہے ہیڈ محرر جو سامنے تخت پر ایک ڈیسک کے پیچھے لیٹا ہوا تھا۔ اس کھڑبڑاہٹ سے اٹھ بیٹھتا ہے کانسٹبل مرزا کو بڑی خشمگیں نظروں سے دیکھتے ہوئے اپنی اچھلی ہوئی پگڑی کو اپنے ہاتھوں سے روک کر اپنے سر پر دوبارہ رکھ لیتا ہے۔ مرزا اسی کے پاس ایک خالی کرسی پر بیٹھ جاتے ہیں)

ہیڈ محرر: (چشمہ لگاتے ہوئے) کیا ارادے ہیں آپ کے؟

مرزا: مجھے ایک اطلاعی رپورٹ درج کرانی ہے۔

ہیڈ محرر: یہ تو ہم تین گھنٹوں سے سن رہے ہیں۔ لیکن کیا رپورٹ درج کرانے کا یہی طریقہ ہے؟

کہ پہلے آپ نے چیخ چیخ کر سارا تھانہ سر پر اُٹھا لیا۔ پھر سرکاری سامان کا نقصان کیا، یعنی دروازے کی چق توڑ ڈالی اور پھر ستم بالائے ستم آپ نے ایک اپنے کارِ منصبی پر متعین کانسٹیبل کی پگڑی اُچھال دی؟

مرزا: میں دفتر میں آنے کی اجازت طلب کر رہا تھا اور آپ باوجود میری آواز سُننے کے مجھے جواب نہیں دے رہے تھے، بلکہ میرے متعلق گستاخانہ کلمات بھی استعمال کر رہے تھے۔ لہٰذا میرا اپنی آواز کو بلند کر دینا ایک اضطراری فعل تھا اور آپ بخوبی جانتے ہیں کہ چق کا توڑنا یا کسی کانسٹیبل کی پگڑی اُچھالنا میرا ارادی فعل نہیں محض ایک اتفاقی حادثہ تھا۔

ہیڈ محرر: یہ تھانہ ہے عدالت نہیں یہاں مجرم کی نیت نہیں بلکہ صرف اس کی حرکت دیکھی جاتی ہے۔

مرزا: تو آپ کا خیال ہے کہ میں صرف تھانے کی چق توڑنے اور ایک کانسٹیبل کی پگڑی اُچھالنے اس لو اور دھوپ میں یہاں تھانے میں حاضر ہوا ہوں۔

ہیڈ محرر: میں بتا چکا ہوں کہ مجھے آپ کی نیت سے کوئی بحث نہیں، میرے سامنے تو صرف آپ کی حرکات ہیں اور اُن کی روشنی میں آپ پر ہماری آسمانی کتاب تعزیراتِ ہند کی دفعات ۴۲۹-۲۵۲-اور ۳۲۳ وغیرہ وغیرہ عائد ہو سکتی ہیں۔

مرزا: تو آپ کے تھانے میں اگر میں کسی مجرم کے خلاف رپورٹ درج کرانے کے بجائے خود بھی مجرم ہو گیا! پگڑی کانسٹیبل صاحب کے سر پر موجود ہے لیجئے میں چق بھی درست کیے دیتا ہوں۔

(مرزا کرسی گھسیٹ کر اس پر کھڑے ہو جاتے ہیں اور گری ہوئی چق کو دوبارہ باندھ دیتے ہیں۔ ایک ڈوری کم پڑتی ہے تو اس کے بجائے اپنا رومال کام میں لے آتے ہیں۔

مرزا: لیجئے، میری غلطیوں کی تلافی ہو چکی۔ اب براہِ کرم میری رپورٹ درج کر لیجیے۔

ہیڈ محرر: آپ کے چیخنے چلانے سے درگزر کیا گیا، چق بھی آپ نے باندھ دی خیر، اس کو بھی

نظر انداز کیا جا سکتا ہے لیکن آپ نے ایک کارِ منصبی پر متعین کانسٹبل کی پگڑی پر جو دست درازی کی تھی، اس کے لیے کیا کیا جائے؟

مرزا: اس کے لئے میری یہ یقین دہانی کافی ہونی چاہیے کہ یہ ایک اتفاقی بات تھی اور اس کے لیے مجھے افسوس ہے۔ اور زیادہ سے زیادہ کہئے تو میں خود اپنی ٹوپی بھی اچھال دوں۔

کانسٹبل: یہاں تھانے میں خالی افسوس سے کام نہیں چلتا۔ یہ تھانہ ہے قبرستان نہیں۔

ہیڈ محرر: اگر آپ کو اپنی حرکت پر واقعی افسوس ہے تو ہم لوگ بھی بات کو زیادہ بڑھانا نہیں چاہتے اور یوں بھی آپ ایک شریف آدمی معلوم ہوتے ہیں۔ لہٰذا آپ کانسٹبل صاحب کو پانچ روپیئے کا ایک نوٹ نکال کر پیش کر دیجئے۔

مرزا: میں رشوت دینا جرم سمجھتا ہوں اور جہاں آپ بیٹھے ہوئے ہیں اس کے اوپر دیوار پر بھی ایک تختی لگی ہوئی ہے کہ رشوت لینا اور دینا پاپ ہے۔

ہیڈ محرر: رشوت دینا جرم ہے یا پاپ یا ایک اہم وقتی ضرورت۔ ان باتوں کے متعلق ہمیں کسی مزید معلومات کی ضرورت نہیں۔ آپ سے کوئی رشوت نہیں مانگی جا رہی ہے، بلکہ صرف آپ کے ایک جرم کی آپ سے تلافی کرائی جا رہی ہے۔

مرزا: مجھے اپنے جرم سے انکار ہے۔ آپ کو میری رپورٹ لکھنی ہو تو لکھ لیجیے۔

ہیڈ محرر: میں آپ کی رپورٹ لکھنے سے پہلے آپ کے خلاف رپورٹ درج کرنا چاہتا ہوں۔ اور آپ کو اپنے جرم سے انکار ہے تو اس میں تعجب کی کیا بات ہے؟ یہاں تھانے میں آکر اپنی خوشی سے اپنے جرم کا اقبال کتنے آدمی کرتے ہیں؟ میں تو چاہتا تھا کہ یہ معاملہ دوستانہ طریقہ پر طے ہو جائے لیکن اب آپ خود ہی پیچیدگیاں بڑھا رہے ہیں تو مجبوری ہے۔

مرزا: عجیب شکنجے میں پھانس رکھا ہے آپ نے؟ خیر، اگر رشوت کا سوال نہیں ہے تو میں رفع حجت کے لیے ایک اٹھنی پیش کر سکتا ہوں۔

کانسٹبل: (بگڑ کر) اٹھنی اور چونی حیثیت ہے گھسیاری منڈی میں یہ سرکاری تھانہ ہے، خالہ جی کا گھر نہیں۔ یہاں صرف سرکاری نوٹ چلتے ہیں۔

ہیڈ محرر: آپ اٹھنی کا ذکر کر کے ہم تھانے والوں کی عزت پر حملہ کر رہے ہیں۔ ہم کفن کھسوٹ نہیں، شریف آدمی ہیں ہم نے سرکار کے ہاتھ اپنا ہاتھ بیچا ہے اپنی عزت نہیں بیچی۔

مرزا: یہ لیجئے، ایک روپئے کا نوٹ حاضر ہے۔ اب بات ختم کیجئے اور میری رپورٹ درج کر لیجئے۔

ہیڈ محرر: دیکھئے آپ ہماری شرافت کا ناجائز فائدہ اٹھا رہے ہیں اور ہم کو مجبور کر رہے ہیں کہ ہم بھی اپنی شرافت کو خیر باد کہہ دیں۔ ہم نے ابھی تک آپ کی سفید پوشی کا خیال کر کے بڑے ضبط اور صبر کے ساتھ کام لیا ہے۔ یہاں مول تول نہیں ہوتا ہے بس، آخری بات دو روپیہ ہے اور اگر آپ یہ حقیر رقم بھی نہیں دینا چاہتے تو کوئی مضائقہ نہیں۔ ہمیں ضابطے کی کارروائی کرتے کیا دیر لگتی ہے؟

مرزا: (دو روپے کا ایک نوٹ پیش کرتے ہوئے) لیجئے براہ کرم میری رپورٹ درج کر لیجئے!

ہیڈ محرر: (نوٹ لے کر کانسٹبل کو دیتے ہوئے) لو تم جا کر چائے پیو۔ میرے لئے بھی کچھ لیتے آنا۔ (مرزا سے) ہاں بتائیے اب آپ کو کیا؟ اور کس قسم کی رپورٹ درج کرانا ہے۔

مرزا: (ذرا سنبھل کر بیٹھتے ہوئے) واقعہ یہ ہے کہ جس محلے میں ہمارا گھر ہے وہاں چند غنڈے بھی آباد ہیں، جو شریف آدمیوں کی عزت کے در پے رہتے ہیں۔۔۔

ہیڈ محرر: رپورٹ لکھوانے کا یہ کوئی طریقہ نہیں ہے پہلے خود اپنا نام پتہ اور نشان تو بتائیے۔

مرزا: (آہ سرد بھر کر) مٹے نامیوں کے نشاں کیسے کیسے۔ میرے دادا نواب ہمت النجش تھے اور میرے والد نواب طرم خاں اور میرے نانا بخت بہادر۔۔۔۔

ہیڈ محرر: اجی حضرت اپنے آپ سے آپ کا سلسلۂ نسب کون پوچھ رہا ہے؟ آپ رپورٹ لکھوانے آئے ہیں یا اپنی شادی کا پیغام دینے؟

مرزا: میری رپورٹ کا تعلق میرے سلسلۂ نسب ہی سے ہے۔

ہیڈ محرر: رپورٹ کا تعلق سلسلۂ نسب سے ہوتا میں نے آج ہی سُنا خیر، پہلے اپنا نام، ولدیت، پیشہ اور سکونت تو بتائیے۔

مرزا: آپ لکھنا شروع کیجیے تو میں بتاؤں

ہیڈ محرر: جی رپورٹ لکھنے کا رجسٹر کیا یوں ہی خالی خولی بلا کچھ بھینٹ چڑھائے کھل جاتا ہے۔ ہنھ! سرکاری کاغذ کو ہنسی ٹھٹھا سمجھ لیا ہے آپ نے! پہلے میں زبانی تو سنوں کہ کیا رپورٹ ہے اور کس طور سے درج ہونا چاہیے۔

مرزا: میرا نام ہے مرزا بُودم بیگ، باپ کا نام ہے ظُرم خاں، پیشہ شاعری اور سکونت ہے محلہ نیلی چھتری اور مکان ہے گندے نالے پر سکلا بسکٹ فیکٹری سے متصل۔

ہیڈ محرر: مجرم کون لوگ ہیں؟

مرزا: میں نے کسی کو خود جرم کرتے دیکھا تو نہیں البتہ میرا خیال ہے کہ جب سے پچھلے اتوار کو مشاعرے میں شیخ بقاتی کی غزل میری غزل کے مقابلے میں پھُسپھُسا کر رہ گئی تھی۔ وہ سخت رنجش مانتے ہیں۔ بلکہ انھوں نے علی الاعلان مجھ کو کچھ ناگفتہ بہ دھمکیاں بھی دی ہیں۔

محرر: دیکھیے یہاں خیال سے کام نہیں چلتا۔ آپ کو مجرم کا نام بتانا پڑے گا۔ خیر ذہنی طور پر شیخ بقاتی کو ہی مجرم مان لیتا ہوں۔ ہاں تو واقعہ کیا ہے؟ آگے بڑھیے!

مرزا: پرسوں رات کو کوئی نامعقول میرے دروازے پر "گدھا" لکھ گیا میں خاموش رہا سمجھا کہ یہ بھی کسی فلم یا دوا کا اشتہار ہوگا لیکن کل رات کو کوئی نابکار میرے دروازے پر الو کا پٹھا لکھ گیا اور میں فوراً سمجھ گیا کہ یہ اشارہ میری ہی طرف ہے۔ اور اب لفظ گدھا کے معنی بھی مجھ پر آشکارا ہو گئے۔ بہر حال وہ میرا ذاتی معاملہ تھا لیکن اب جبکہ میرے سلسلۂ نسب پر یعنی میرے والد مرحوم پر اس قسم کا ذلیل اور رکیک حملہ کیا گیا تو مجھے صبر کا یارا نہیں رہا اور میں رپورٹ لکھوانے آپ کے پاس آنے پر مجبور ہو گیا۔

ہیڈ محرر: (ہنستے ہوئے) مرزا صاحب۔ آپ واقعی بڑے سادہ لوح واقع ہوئے ہیں۔ بھلا اس قسم کی بچکانہ رپورٹیں کسی تھانے میں لکھی جاتی ہیں؟ ایسی رپورٹیں تو پرائمری اسکول کے بچے اپنے ماسٹر سے کیا کرتے ہیں۔

مرزا: (غصے میں) تو کیا واقعہ زیر بحث سے میری، یا میرے والد کی بلکہ میرے دادا صاحب علیہ الرحمۃ کی توہین نہیں ہوئی؟ کیا ازالہ حیثیتِ عرفی کے متعلق آپ کی آسمانی کتاب میں کوئی دفعہ نہیں ہے؟ کیا آپ نے ہر شہری کو اختیار دے رکھا ہے کہ وہ جس دوسرے شہری کی چاہے عزت بلکہ سلسلہ نسب بگاڑ دے؟

ہیڈ محرر: آپ یہ غلطی رہنے دیجئے۔ غالباً آپ سے بحث کرنا بیکار ہوگا۔ ازالہ حیثیت عرفی کے متعلق ہماری آسمانی کتاب میں دفعہ ہے اور بڑی فوق البھڑک دفعہ ہے۔ لیکن میں دیکھوں تو اس کے استعمال کا آپ میں دم بھی ہے یا نہیں مطلب یہ کہ اس کے لئے آپ کیا خرچ کر سکتے ہیں؟

مرزا: خرچ، کیا مطلب! میں سمجھا نہیں! کیا یہاں رپورٹیں لکھائی نہیں خریدی جاتی ہیں!

ہیڈ محرر: اجی خرید و فروخت کہاں نہیں ہوتی۔ آپ تھانے آئے تھے تو کیا آنکھیں بند کرکے آئے تھے۔ راستے میں آپ کو کوئی دوکان نہیں پڑی تھی؟

مرزا: تو تھانہ بھی ایک دوکان ہے جہاں رپورٹیں فروخت ہوتی ہیں؟ تو آپ لوگ تنخواہ کس بات کی پاتے ہیں؟

ہیڈ محرر: تنخواہ پاتے ہیں تھانے آباد رکھنے کی اور حکام کو سلام کرنے کی باقی سب کام نقد اجرت پر کیا جاتا ہے۔

مرزا: تو رپورٹ لکھنا آپ کے فرائض منصبی میں نہیں ہے؟

ہیڈ محرر: صرف قلم کاغذ پر گھسنا فرائض منصبی میں ضرور شامل ہے لیکن رپورٹ کی تصنیف اور تالیف کرنا ہمارا اپنا کام ہے۔ رپورٹ لکھنے کے لئے کچھ طلب کرنا رشوت ہے، لیکن

کسی رپورٹ کی طبعزاد تصنیف کے لیے معاوضہ مانگنا ہر مصنف کا پیدائشی حق ہے۔
آپ خود شاعر ہیں۔ تعجب ہے کہ آپ تصنیف اور تالیف کے متعلق یہ ابتدائی باتیں بھی نہیں جانتے۔

مرزا: (تعجب سے) میں کچھ نہیں سمجھا۔ مجھے تو آپ کی ہر بات سے اپنا قافیہ تنگ نظر آتا ہے۔

ہیڈ محرر: آپ کی عقل کا سارا دانہ اور گھاس تو "گدھا" اور "م" کو کا "پٹھا" چر گیا؟ اجی آپ ڈاکٹر کے یہاں جاتے ہیں اور اپنا مرض بیان کرتے ہیں تو پھر وہ نسخہ آپ کے مشورے سے لکھتا ہے یا اپنے دماغ سے؟

مرزا: اپنے دماغ سے بلکہ اپنے فاؤنٹن پن سے۔

ہیڈ محرر: بالکل اسی طرح جب کوئی رپورٹ درج کرانے والا آتا ہے تو وہ اپنی تکلیف بیان کر دیتا ہے۔ پھر رپورٹ ہم اپنے دماغ اور قلم سے لکھتے ہیں۔ اور اسی کا ہم حق المحنت وصول کرتے ہیں۔ اب جتنا معاوضہ دیا جاتا ہے رپورٹ لکھنے میں اتنی ہی حاضر دماغی سے کام لیا جاتا ہے۔ پرانی مثل ہے، جتنا گڑ ڈالو گے، اتنا ہی میٹھا ہوگا۔

مرزا: مطلب یہ کہ رپورٹ آپ کی حاضر دماغی کا نتیجہ ہوتی ہے اور اس حاضر دماغی کے مختلف مدارج ہوتے ہیں اور اُن کے لئے مقررہ نرخ سے معاوضے دینے پڑتے ہیں۔

ہیڈ محرر: جی ہاں! اب آپ واقعی سمجھداری کا ثبوت دے رہے ہیں۔ اور ظاہر کر رہے ہیں کہ آپ کے دروازے کے اندراجات کم سے کم کچھ مبالغہ آمیز ضرور ہیں۔

مرزا: اور آپ کی حاضر دماغی کے نرخ کیا ہیں؟

ہیڈ محرر: نرخ کیا ہیں یہی کہ چوری کی رپورٹ کے پانچ روپئے، سرقہ بالجبر کے سات روپئے معمولی مار پیٹ کے آٹھ روپئے۔ اغوا کے دس روپئے۔ ازالہ حیثیت عرفی کے پندرہ روپئے وغیرہ وغیرہ۔ اب آپ کو پوری تعزیرات ہند پڑھ کر کون سنائے؟ پہلے آپ یہ بتائیے کہ آپ کس قسم کی رپورٹ درج کرانا چاہتے ہیں۔ ہر مقدمے کا

بنیادی تیمہ پولیس رپورٹ ہوا کرتی ہے۔ اس میں کسی کل سے کوئی اناڑی پن ہو گیا یا خامی رہ گئی تو خود رپورٹ لکھوانے والے کا ڈبہ گول ہو جاتا ہے۔

مرزا : میں تو اپنے واقعہ کی صحیح رپورٹ درج کرانا چاہتا ہوں اور آپ کی تصنیف و تالیف کا زیر بار احسان ہونا نہیں چاہتا۔

ہیڈ محرر : تو آپ کے پاس نہ کوئی واقعہ ہے نہ ملزم کا نام و پتہ۔ پھر آپ خود ہی فرما چکے کہ پہلے اندراج کو آپ اشتہار سمجھتے تھے۔ ہو سکتا ہے کہ دوسرا اندراج بھی اشتہار ہی ہو۔ ایسی صورت میں آپ کی رپورٹ کیا اپنا سر لکھ لیا جائے؟ یہ تھانہ ہے کوئی مشاعرہ نہیں جہاں بے سر و پا باتوں پر جھوٹی واہ واہ کر کے شاعروں کا دماغ خراب کر دیا جاتا ہے۔

مرزا : آپ کو رپورٹ لکھنے سے انکار ہے تو نہ لکھئے مجھے داروغہ صاحب کے پاس بھیج دیجیے۔ لیکن خبردار شاعروں کے متعلق منہ سے کوئی کلمۂ بد نہ نکالئے گا۔

ہیڈ محرر : بڑی خوشی سے۔ داروغہ صاحب اس طرف دکھن کے برآمدے میں لیٹے ہوئے تیل مالش کرا رہے ہیں البتہ اتنا سمجھ لیجیے کہ جو کام یہاں پانچ روپئے میں ہو جائے گا وہاں پندرہ روپیوں میں بھی نہ ہو سکے گا۔

(مرزا بودم بیگ ہیڈ محرر کے پاس سے اٹھ کر داروغہ کے پاس پہنچتے ہیں۔ داروغہ تیل مالش کرانے کے ساتھ ساتھ کسی سیٹھ جی سے کچھ خفیہ باتیں کر رہا تھا۔ سیٹھ جی نے جیب سے ایک پوٹلی نکال کر میز کے نیچے سے داروغہ کے ہاتھ میں دے دی۔ اور بڑی نیازمندی سے سلام کرتے ہوئے کرسی سے اٹھ کر چلے گئے۔ داروغہ نے بودم بیگ کی طرف نظر اٹھائی اور ان کے سفید کپڑوں کو دیکھ کر انھیں سامنے پڑی ہوئی کرسی پر بیٹھ جانے کا ہوائی اشارہ کیا۔ (بودم بیگ سلام کر کے بیٹھ جاتے ہیں۔)

داروغہ : کیا کام ہے؟

مرزا : مجھے ایک رپورٹ لکھوانی ہے۔

داروغہ: غالباً جھوٹی رپورٹ لکھوانے کے نتائج سے آپ واقف ہی ہوں گے۔ خیر، بتائیے کیا رپورٹ لکھوانی ہے آپ کو؟

مرزا: میں بالکل سچی رپورٹ لکھوانا چاہتا ہوں۔ پرسوں رات میرے دروازے پر کوئی شخص "گدھا" لکھ گیا اور کل رات "الّو کا پٹھا" لکھ گیا۔

داروغہ: (قہقہہ لگاتے ہوئے) انتظار کیجئے کہ آج رات میں کیا لکھا جاتا ہے۔ کوئی آپکا بے تکلف واقف کار ہوگا۔ ولی را ولی می شناسد!

مرزا: (برا مان کر) واقف کار نہیں کوئی ناہنجار کندۂ ناتراش، بلکہ اپنے ماں باپ کی شامت اعمال ہوگا۔

داروغہ: اچھا یوں ہی سمجھ لیجئے! لیکن اس میں رپورٹ لکھانے کی کیا بات ہے؟ ہمارے سماج میں گدھا اور الّو کا پٹھا قسم کے الفاظ تو عموماً دلار میں بولے جاتے ہیں، بلکہ اکثر سمجھدار ماں باپ اپنی اولاد کو خود کہا کرتے ہیں اور پھر آپ کو تو لکھنے والے کا نام بھی نہیں معلوم۔ نہ جرم نہ ملزم نہ گواہ، رپورٹ کیا خاک پتھر لکھی جائے۔ اور محض تفریحاً رپورٹ لکھانا ہے تو ہیڈ محرر کے پاس جائیے اور اس کے مشورے سے کوئی رپورٹ لکھا دیجئے۔ میرا سر کیوں کھا رہے ہیں۔

مرزا: میں تفریحاً نہیں واقعتاً رپورٹ لکھانا چاہتا ہوں۔ گدھا اور الّو کا پٹھا قسم کے الفاظ سے نہ صرف میری بلکہ میرے والد بزرگوار اور دادا صاحب علیہ الرحمۃ کی سخت توہین ہوئی ہے اور اگر مجھے لکھنے والے کا نام نہیں معلوم ہے تو کیا ہوا۔ تفتیش کرنا پولیس کا کام ہے۔ میں مشتبہ لوگوں کے نام بتائے دیتا ہوں۔ آپ ان کے خط اور میرے دروازے پر لکھے ہوئے ناشائستہ الفاظ کے شان خط کا مقابلہ اور موازنہ بھی کر سکتے ہیں۔

داروغہ: (ہنستے ہوئے) مجھے تعجب ہے کہ آپ کی ناسمجھی کی باتوں پر مجھے غصے کے بجائے ہمدردی کیوں معلوم ہو رہی ہے کیا آپ کا مطلب ہے کہ میں آپ کے بتائے ہوئے

تمام لوگوں سے آپ کو گدھا اور اُلّو کا پٹھا لکھا کر آپ کے مکان کے دروازے کے پٹ کے ساتھ منتقل کر کے کسی ماہر خط کے پاس بھیج دوں۔ ہم پولیس والے آپ کے مشورے پر تفتیش کریں تو بس کر چکے نوکری! اجی ہمارا دائرہ تفتیش ہمارے ڈنڈے کی پہنچ تک ہے۔ تفتیش جرم کریں ہمارے دشمن! ہم تو اپنے ڈنڈے کے اقبال سے اقبالِ جرم کراتے ہیں! لیکن مصیبت یہ ہے کہ آپ کے معاملے میں کہیں مجرم بھی تو نظر آئے۔

مرزا: میری اور میرے والد کی توہین کو آپ کوئی جرم نہیں سمجھتے! اچھا یہی الفاظ اگر کوئی آپ کے اور آپ کے والد کے متعلق استعمال کرتا؟

داروغہ: تو میں رپورٹ لکھوانے تھانے کبھی نہیں جاتا بلکہ آپ دیکھتے کہ الفاظ استعمال کرنے والے ہی کو تھانے بلکہ اسپتال جانا پڑتا اور پھر دیکھئے محض دروازے پر کسی تحریر سے روئے سخن آپ کی جانب کیسے ہو گیا؟ خود تھانے کی دیواروں پر عجیب عجیب عبارتیں لکھی ہوئی ہیں۔ ظالم پولیس، تو تب مردانگی کی شاندار گولیاں، کھانسی کو پھانسی وغیرہ وغیرہ۔ لیکن اس سے میرا سلسلۂ نسب ہرگز خطرے میں نہیں پڑ جاتا۔ آپ اس قسم کی رپورٹ لکھانے پر اصرار کر کے ثابت کر رہے ہیں کہ چور کی ڈاڑھی میں تنکا۔ آخر اس رپورٹ کا مقصد کیا ہو سکتا ہے؟

مرزا: ملزمان کو اُن کے گزشتہ اعمال کی سزا اور آئندہ کے لئے تنبیہہ۔

داروغہ: تو پھر کوئی سمجھداری کی رپورٹ لکھائیے۔ مطلب تو ثواب سے ہے۔ رپورٹ سچ کے بل بوتے پر نہیں، جذبۂ انتقام کی شدت کی بنا پر لکھائی جاتی ہے۔ ملزمان نے آپ کے ساتھ کون سا شریفانہ برتاؤ کیا ہے جو آپ اُن کے لئے راجہ ہریش چندر بنے جاتے ہیں؟

مرزا: (زچ ہو کر) تو پھر آپ ہی کوئی مناسب رپورٹ لکھوا دیجئے! میرا دماغ تو تھانے حاضر ہونے کے بعد غیر حاضر ہو چکا ہے! (داروغہ نے ہیڈ محرر کو آواز دی ہیڈ محرر آ گیا۔)

داروغہ: (ہیڈ محرر سے) دیکھو آپ کی رپورٹ اس مضمون کی لکھ دو کہ کل شام کو جب آپ اپنی بیوی کے ساتھ چہل قدمی کے لئے نکلے تو ملزمان ...... (نام ان سے پوچھ کے لکھ دینا اور اس میں محلے کے ایک آدھ پیشہ ور بلکہ پیدائشی بدمعاش کا نام ضرور آجانا چاہیے۔) پہلے سے گھات میں بیٹھے ہوئے تھے۔ آپ کو اور آپ کی بیوی کو دیکھ کر فوراً حملہ آور ہوئے بلکہ دست درازیاں شروع کر دیں۔ آپ نے اور آپ کی بیوی نے شور و غل کیا تو گواہان موقع پر آگئے اور ان کو دیکھ کر ملزمان گالیاں اور دھمکیاں دیتے ہوئے بھاگ کھڑے ہوئے۔ گواہوں کے نام ان سے پوچھ کر لکھ دینا۔ البتہ اس میں فہرست دیکھ کر اپنے ایک آدھ مخصوص گواہ کا نام لکھنا نہ بھول جانا۔ (مرزا سے) جائیے آپ ان کے ساتھ چلے جائیے۔

(مرزا ہیڈ محرر کے ساتھ چلے جاتے ہیں۔)

داروغہ کی آواز سنائی دیتی ہے۔ "اور ہاں ان سے رعایت کر کے صرف پندرہ روپئے لے لینا!"

(ہیڈ محرر مسکرا کر بودم بیگ کی طرف دیکھتا ہے اور وہ اپنی جھینپ مٹانے کے لئے اُسے جیب سے پندرہ روپئے نکال کر دے دیتے ہیں۔)

بودم بیگ رپورٹ لکھا کر تھانے سے باہر نکلے تو انھیں یاد آیا کہ کل چار بجے تو ان کے لڑکا پیدا ہوا ہے۔ بیوی شام کو چہل قدمی کے لئے کیسے جا سکتی تھیں۔ اور بدھو گواہ تو دو برس سے جیل میں ہے اور جمن گواہ چھ مہینے ہوئے اللہ کو پیارا ہو چکا۔ دفعتاً انھیں خیال آیا کہ شاید اُلو کا پٹھا اُن کے نوزائیدہ لڑکے کو کہا گیا تھا اور یہ ایک قسم کی مبارکباد تھی وہ کھلکھلا کر ہنس پڑے اور اُن کے منہ سے یہ شعر بے ساختہ نکل گیا۔

جو اُلو کا پٹھا ہے اُلو وہ خود بھی ہے
تو اُلو کے پٹھے کا منشا غلط ہے

دودھ کے دُھلے

میرے ہم سایہ لالہ بھولا ناتھ یوں تو بڑے سیدھے سادے اور مرنجاں مرنج قسم کے آدمی تھے، اور مجھ سے ہمیشہ بہت جھک کر اور بڑے تپاک سے ملتے۔ لیکن نادانستہ طور پر وہ میرے لئے وبالِ جان بلکہ شامت اعمال بنے ہوئے تھے۔

ان کے اور میرے گھر کے درمیان صرف ایک چھوٹی سی دیوار تھی جس کو دونوں طرف کے بچے دن میں آٹھ دس مرتبہ پار کیا کرتے۔ دونوں مکانوں کے رہنے والوں کے درمیان آواز اور خوشبو یعنی کان اور ناک کا کوئی پردہ نہیں تھا۔ آنکھ کا جو تھوڑا بہت کا پردہ تھا اُس کی تلافی یوں ہو جاتی کہ لالہ جی اور میرے دفتر روانہ ہوتے ہی ہم دونوں کی گھروالیاں اپنی اپنی طرف سے دیوار کے پاس چارپائی پر کھڑی ہو جاتیں اور "بہن آج کیا پکایا ہے؟" سے سلسلۂ گفتگو کا آغاز کر کے اپنے اپنے گھروں کا سارا کچا چٹھا ایک دوسرے کو سُنا ڈالتیں۔ بس بچوں کی شرارتوں کے ساتھ شوہروں کی حماقتوں کا تذکرہ نمک مرچ کا کام کرتا۔ ہر گھر والی اپنے شوہر کو زیادہ سے زیادہ بے وقوف اور اپنی محبت میں اندھا ثابت کرنے کی کوشش کرتی تاکہ وہ دوسرے کے لئے قابل رشک بن سکے۔

بھولا ناتھ جس طرح دونوں ہاتھوں سے کماتے اور اپنے گھر میں جس قسم کی فیاضیاں اور شاہ خرچیاں کیا کرتے اُن کی تازہ بہ تازہ اطلاعات کافی اضافے کے ساتھ دم بہ دم میرے گھر پہنچتی رہتیں، اور اُن کی بدولت میں خود اپنے گھر میں چور بن کر رہ گیا تھا۔ مجھے اپنے بیوی بچّے اپنے خلاف بغاوت پر آمادہ نظر آتے۔ میں اُن کی داد طلب اور حسرت بھری نگاہوں میں "انقلاب زندہ باد" کی صاف اور واضح جھلک سا دیکھتا۔ وہ مجھ سے براہِ راست تو کچھ نہیں کہتے، لیکن میں اُن کی اُکھڑی اُکھڑی باتوں سے ان کی رائے کا اندازہ لگا لیتا کہ میں انتہائی بھٹیچر، کنجوس اور مکھی چوس ہوں، بیوی کی جانب سے لاپرواہ ہوں اور بچوں سے مجھے کوئی پیار نہیں ہے۔

میں جب تھکا ہارا اپنے دفتر سے واپس آتا تو ابھی کپڑے بدل کر دم بھی نہ لینے پاتا کہ اس قسم کی اطلاعات کی کیلیں میرے کانوں میں ٹھونکی جانے لگتیں۔

"آج لالہ جی کی بیوی کی نئی چمپا کلی بن کر آئی ہے۔"

"لالہ جی کے چھوٹے لڑکے کے لئے ایک چھوٹی سی سائیکل آئی ہے۔"

"لالہ جی کی بڑی لڑکی نے ایک بڑا سا سنگار بکس خریدا ہے۔"

"لالہ جی کے یہاں سلائی کی ایک نئی مشین آئی ہے۔"

"لالہ جی کے لڑکوں نے لائی کی بڑی بڑی سے اُس کا پورا ہنڈا خرید کر کھا لیا۔"

"لالہ جی آج آٹھ ساڑیاں خرید کر لائے ہیں۔"

"پرسوں لالہ جی کی منجھلی لڑکی کی سالگرہ ہے۔ خوب دعوت ہوگی، لاؤڈ اسپیکر پر گانا ہوگا۔ بہت سے مہمان آئیں گے۔"

اب میں اپنی صفائی میں کس سے کہتا اور کون سنتا کہ میں پہلی تاریخ کو جو کچھ تنخواہ پاتا ہوں وہ چپکے سے بیوی کے ہاتھ پر رکھ دیتا ہوں، اور اگر اس میں سے میری بیوی کے لئے نئی چمپا کلی، چھوٹے لڑکے کے لئے چھوٹی سائیکل، بڑی لڑکی کے لیے بڑا سنگار بکس

سلائی کی نئی مشین، ملائی کی برف کا ہنڈا اور ایک ساتھ آٹھ ساڑیاں نہیں خریدی جاسکتیں تو اس میں میں کس حد تک قصور وار ہوں!

نہ جانے جذبات منطق کے کب پابند ہوئے ہیں۔ میری تنخواہ اور گھر کے اخراجات کے توازن کو سمجھنے کی زحمت اٹھانے سے یہ فرض کر لینا زیادہ آسان تھا کہ یا تو میں کام چور ہوں جو بھولا ناتھ کی طرح اتنا روپیہ نہیں کماتا، یا میں اپنی بیوی اور بچوں کو تکلیفیں پہنچانے کی نیت سے دفتر سے گھر تنخواہ لاتے ہوئے اس کا بڑا حصہ راستے ہی میں خرد برد کر ڈالتا ہوں۔

پھر بھولا ناتھ کی وجہ سے آئے دن اپنی بیوی اور بچوں کی نگاہوں میں ذلیل ہوتے ہوئے میں بھی ایک دن اپنی جان پر کھیل گیا۔ میں نے اپنے پراویڈنٹ فنڈ سے چار سو روپے قرض لے کر بیوی کے لئے کچھ شوخ بھولدار کپڑا، کچھ پاؤڈر، کریم، لپ اسٹک بچیوں کے لئے کچھ چمکدار بُندے، نکلس، چوڑیاں، لڑکوں کے لئے کیرم بورڈ، ہوائی بندوق اور کچھ کھلونے اور اس کے علاوہ بہت سی مٹھائیاں اور پھل وغیرہ خرید کر شام کو لدا پھندا فادر کرسمس بنا اس امید پر گھر پہنچا کہ جب سے لالہ بھولا ناتھ کا ہمسایہ بنا ہوں اس عرصے میں کم سے کم آج ایک مرتبہ تو مجھ پر بھی میرے گھر والوں کی قدر دانی کی نگاہ پڑے گی۔

لیکن میری شومیٔ قسمت مجھ سے پہلے میرے گھر پہنچ چکی تھی۔ گھر میں ایک صفِ ماتم بچھی ہوئی تھی۔ بیوی اور بچے سمٹے سمٹائے ہوئے صحن کے ایک کونے میں خاموش چارپائیوں پر بیٹھے تھے۔ معلوم ہوا کہ بھولا ناتھ آج ہی ایک ریڈیو گرام خرید کر لائے ہیں اور اس کے ایک ریکارڈ کی گت پر وہ خود اور اُن کی بیوی اور بچے پورے کمرے میں تھرک رہے ہیں، اور اُن کی خوشی کی چیخیں اور قہقہے میرے مکان پر برس رہے ہیں۔

میرے لائے ہوئے سامان کو کسی نے پھوٹی آنکھ بھی پسند نہیں کیا۔ بیوی نے

بڑی سرد مہری سے اپنی چیزیں چارپائی کے ایک کونے پر سرکا دیں۔ لڑکیوں نے بے رُخی سے اپنا اپنا سامان اُٹھا کر بکسوں میں بند کر دیا۔ لڑکوں میں کھیل کے سامان اور کھانے کی چیزوں کے بٹوارے کے متعلق تھوڑی سی چھین جھپٹ ہو گئی، جس پر بیوی نے یہ تبصرہ کرتے ہوئے "نگوڑوں نے کبھی کوئی قاعدے کی چیز دیکھی ہی نہیں۔ تمیز کیا خاک آئے گی" ان کی چیزوں کو عارضی طور پر خود ضبط کر کے مقفل کر دیا۔

اور میں چار سو روپے پھونک کر مرغی اپنی جان سے گئی اور کھانے والوں کو مزہ نہ ملا کے مصداق بدستور چوربنا اپنی کرسی پر سر جھکائے خاموش بیٹھا بھولا ناتھ کے ریڈیو گرام کے جنون خیز نغمے اور اُس کے ساتھ اُبلتے ہوئے زمزمے اور چہچہے بڑی بے بسی سے سنتا رہا۔

میں نے آج بیوی کی آنکھوں میں ایک خاص قسم کی چمک دیکھی تھی جو غالباً کسی بلی کی آنکھوں میں اُس وقت پیدا ہوتی ہے جب وہ کسی کبوتر پر حملہ کرنے والی ہو۔

بچے اِدھر اُدھر ہو گئے تو اُس نے گلوگیر آواز میں پوچھا، "کیا تنخواہ ملتی ہو گی لالہ بھولا ناتھ جی کو؟"

میں نے بڑی جھنجلاہٹ سے جواب دیا۔ "حاکم تحصیل کے اجلاس کے پیشکار ہیں۔ تنخواہ اور بھتہ ملا کر ایک سو بیس یا پچیس ملتے ہوں گے اُن کو۔"

"کُل ایک سو بیس یا پچیس رُوپے ماہوار!" بیوی نے بدحواس ہو کر پوچھا۔

"جی ہاں!"

اور آپ کو کیا تنخواہ ملتی ہے؟"

"وہ تو آپ جانتی ہی ہیں۔ پانچ سو روپے۔"

"یعنی بھولا ناتھ جی کی تنخواہ سے چوگنی!"

"بالکل!"

"پھر یہ اُن کے یہاں رات دن ہُن کیسے برستا ہے، اور ہمارے یہاں فاقہ مستی کیوں رہتی ہے؟ وہ ہم سے کہیں زیادہ خرچ بھی کرتے ہیں اور جمع بھی۔"

"رشوت لیتا ہے کم بخت!"

"کتنی مل جاتی ہوگی؟"

"ایک دن خود ہی کہہ رہا تھا بے غیرت کہ بھگوان کی دیا سے دن بھر میں پچاس ساٹھ کے وارے نیارے ہو جاتے ہیں۔"

اور اس کے بعد میری بیوی نے جس کو میں بیس سال سے انتہائی معصوم اور سادہ لوح سمجھتا تھا، مجھ سے ایک ایسی بات کہی جس کو دہراتے ہوئے بھی میں شرم محسوس کرتا ہوں۔

"آپ کیوں نہیں لیتے رشوت؟"

"میں اور رشوت؟" مجھ پر بجلی گری۔

"آخر ان لڑکے لڑکیوں کی پرورش کیسے ہوگی؟ انھیں پڑھایا لکھایا کیسے جائیگا؟ ان کے شادی بیاہ کا کیا انتظام ہوگا۔ ابھی اپنی زندگی میں ہم لوگوں نے کیا ہی کیا ہے؟ جو سوکھی تنخواہ آتی ہے وہ کھانے پینے، کپڑے لتے، نوکروں کی تنخواہ اور بچوں کی فیس ہی میں ختم ہو جاتی ہے۔ دو نئے پیسے بھی نہیں بچتے!"

"رشوت لینا اخلاقی اور قانونی جرم ہے۔ ضمیر ملامت کرتا ہے۔ انسان بے غیرت ہو جاتا ہے۔ پکڑا جائے تو جیل میں بند کر دیا جاتا ہے، اور پھر اس کے بیوی بچے فاقے کرتے کرتے مر جاتے ہیں۔"

میں نہ معلوم کیا کچھ بکتا گیا۔ لیکن میری نصف بہتر میری اس گفتگو کو اُسی بے اعتنائی سے سنتی رہی جس طرح کوئی سمجھ دار ووٹر کسی امیدوار کا الیکشن مینیفسٹو سنتا ہے، اور آخر میں مرغے کی وہی ایک ٹانگ یعنی میری بیوی کا اصرار کہ مجھے رشوت لینی چاہیئے۔

بھولا ناتھ کے پڑوس میں رہنے سے میری بیوی کی عقل پر نہ معلوم ایک دم کیسے پتھر

پڑ گئے تھے۔ اُس کی رائے میں رشوت لینے سے دنیا تو بنتی ہے اور پھر فراخ دِلی سے نذر نیاز کر کے یعنی خدا کو رشوت دے کر اپنا دین بھی بنایا جاسکتا ہے۔ اُس کے ایک بڑے پرہیزگار چچا رشوت کی بدولت حاجی بن کر آئے تھے اور سارے قصبے میں اُن کی بزرگی کی بڑی دھوم مچ گئی تھی۔ ضمیر کی آواز کوئی چیز نہیں، محض واہمہ ہے۔ وہ اکثر اچھے کام کرنے کے بعد بھی ملامت کرتا ہے۔ ضمیر کا تو کام ہی ملامت کرنا ہے۔ وہ اپنی عادت سے مجبور ہے۔ رشوت لے کر بنتے سب کو دیکھا ہے، بگڑتے کسی کو نہیں دیکھا۔ جیل جانے کا ڈر محض بزدلی ہے جیل تو بڑے بڑے نیتا بھی ہو آئے ہیں۔ انسان جُرم کی وجہ سے نہیں، ہمیشہ اپنی بے وقوفی کی وجہ سے پکڑا جاتا ہے۔ رشوت لینے سے عقل کتنی تیز ہو جاتی ہے۔ روپے سے حاصل کی ہوئی عزت کے مقابلے میں کوئی دوسری عزت نہیں اور روپیہ حاصل کرنے کا سب سے مجرب نسخہ رشوت لینا ہے۔ رشوت خور انسان کو ہمارا سماج نفرت سے نہیں، رشک کی نگاہ سے دیکھتا ہے۔

غرض کہ روز بروز اُس کی ترّاہٹ اور غیر ذمہ دارانہ باتیں میرے لئے تلخ سے تلخ تر ہوتی گئیں اور اُن کے مقابلے میں مجھے اپنی عزت، ملازمت اور عاقبت تو درکنار اپنے ازدواجی تعلقات بھی خطرے میں نظر آنے لگے۔

بھولا ناتھ گھر پر تو بڑے زرق برق کپڑے قیمتی عینک اور جوتے زیب تن کئے رہتے اور اپنی مونچھیں چڑھائے رہتے، لیکن کچہری جاتے وقت ایک پیوند لگا کوٹ، بوسیدہ ٹوپی، بغیر کمانی کی ڈورے سے بندھی عینک اور پھٹا ہوا جوتا پہن لیا کرتے اور اپنی مونچھیں بھی بڑی مسکینی سے نیچے جھکا لیتے۔ غالباً اس لباس اور حلیئے سے وہ اپنے آپ کو اپنے حاکم کے سامنے اپنی قلیل تنخواہ کے باعث بہت فاقہ زدہ اور رشوت دینے والی اسامیوں کے سامنے بہت قابل رحم ظاہر کرنے کی کوشش کرتے گویا اُن کی جیب میں روپیہ ڈالنا ویسا ہی پن کا کام تھا جیسے کسی اناتھ آشرم یا دھرم آشرم کے لیئے چندہ دے دینا۔

ایک روز شام کو خلافِ معمول بھولا ناتھ اپنا کچہری کا یونیفارم پہنے ہوئے میری بیٹھک میں آئے اور میرے سلام کا جواب دئے بغیر ایک آہ بھر کر کسی زخمی شکار کی طرح میرے سامنے صوفے پر ڈھیر ہو گئے۔

"کیسے مزاج ہیں لالہ جی؟"

"کچھ نہ پوچھئے بابو جی! آسمان ٹوٹ پڑا ہے مجھ پر۔"

"کیوں خیریت؟ کیا ریڈیوگرام توڑ دیا کسی بچے نے؟"

"آج اس ڈپٹی کے بچے نے مجھے ایک آدمی سے پچاس روپے لیتے ہوئے پکڑ لیا۔ فوراً معطل کر کے برخاستگی کا چارج شیٹ لگا دیا مجھ پر۔ اور برخاست کر کے سزا کرا دینے کی دھمکی الگ دے رہا ہے کمبخت!"

"یہ تو بہت برا ہوا۔ اب کیا ہوگا؟" میرے دل میں خوشی کے بلبلے اُٹھ رہے تھے، لیکن میں نے بظاہر بڑے تشویشناک لہجے میں پوچھا۔

"ہوگا کیا! کوشش کرنی پڑے گی اُس سرپھرے کو بس میں کرنے کے لئے" بھولا ناتھ کی ڈوبتی ہوئی آواز میں خود اعتمادی کی ایک لہر اُٹھی۔

"وہ کیسے؟"

"پہلے خوشامد کی جائے گی۔ کل بیوی بچوں کو لے کر ڈپٹی صاحب اور اُن کی شریمتی جی کے پاس اُن کے بنگلے پر جاؤں گا اور اگر کچھ پانی مرتا ہوا دیکھوں گا تو پھر بار بار جاؤں گا۔ اس سے کام نہ چلے گا، تو پھر سفارش پہنچاؤں گا۔ سنا ہے کہ جس کلب کے آپ ممبر ہیں اُس میں وہ بھی جاتے ہیں۔ موقع نکال کر کہہ دیجئے گا کہ بھولا ناتھ بیچارہ بہت غریب ہے۔ اُس کی ماں بغیر علاج کے مر رہی تھی، اس لئے شاید مجبور ہو کر کسی اسامی سے کچھ روپے لے لئے تھے۔ ڈپٹی صاحب کے چچا زاد سالے اور خالو سے بھی کچھ جان پہچان ہے، اُن سے بھی کہلاؤں گا۔ لیکن میرا جو زور آپ پر ہے وہ کسی پر بھی نہیں ہے اور اگر اس سے بھی کام نہ چلا

تو پھر مجبوراً آخری راستہ اختیار کرنا پڑے گا۔

"وہ کیا؟"

"خوشامد اور سفارش کے بعد رشوت! اس کا ڈسا کب اُٹھ کر پانی پیتا ہے۔"

بھولا ناتھ کا یہ تیر بہدف منصوبہ سُن کر میں حیرت زدہ رہ گیا۔ اور اس کے متعلق باوجود کوشش کرنے کے میرے منہ سے ایک لفظ نہ نکل سکا۔ وہ کچھ دیر اور بیٹھ کر اپنے منصوبے کی تفصیلات بتاتے رہے اور پھر چلتے وقت مجھ سے بڑی لجاجت سے بولے

"دیکھیے بابو جی! آپ ڈپٹی صاحب سے میری سفارش کرنا مت بھولئے گا۔ مجھے آپ ہی کا سہارا درکار ہے۔ میں آپ کا یہ احسان زندگی بھر نہ بھولوں گا۔ ضرورت سمجھئے گا تو ڈپٹی صاحب کو اپنے یہاں کھانے پر بلا لیجئے گا۔ میں سب خرچ برداشت کرنے کو تیار ہوں۔"

میں نے اپنی جان چھڑاتے ہوئے کہا: "آپ میری جانب سے بالکل مطمئن رہیے۔ مجھ سے جو کچھ بھی ہو سکے گا ضرور کروں گا۔"

بھولا ناتھ چلے گئے تو میں جھپٹ کر اپنی بیوی کے پاس پہنچا اور اُسے یہ خوشخبری سُنائی۔

"لو دھر لیے گئے رشوت ستانی میں بھولا ناتھ جی! اب نوکری تو خیر گئی سمجھو جیل کی ہوا کھاتے ہیں کھائیں گے۔ یہی کہتے ہیں کہ بُرائی کا نتیجہ ہمیشہ بُرا ہوتا ہے۔"

بیوی نے "اُنھ" کہہ کر سُنی ان سنی کر دی۔ اس کی نظر میں بھولا ناتھ ایک ایسا شہید اعظم تھا جو اپنے بیوی بچوں کے لیے بہادری سے لڑتا ہوا میدان جنگ میں مارا گیا تھا۔

میری کلب میں ڈپٹی صاحب سے اچھی جان پہچان تھی۔ مجھے تنہائی میں مل گئے تو میں نے کہا: "سُنا ہے کہ آپ کا پیشکار بھولا ناتھ معطل ہو گیا ہے۔"

ڈپٹی صاحب گرج کر بولے، "اجی بڑا رشوت خور تھا! ساری تحصیل کو لوٹ کر اپنا گھر بھر چکا ہے۔ میں ایک مدت سے اس کی تلاش میں تھا، اب ملا ہے جاکر رنگے ہاتھوں۔ برخاست تو خیر وہ کر ہی دیا جائے گا۔ میں اُسے جیل میں سڑائے بغیر بھی دم نہیں لوں گا۔"

"کچھ رحم کھانے کی ضرورت ہے اُس پر۔" میں نے دبی زبان سے اپنا فرض ہمسائیگی ادا کیا۔

"اجی آپ بھی۔ یسے نا ہنجار، ننگ انسانیت اور غریبوں کا خون چوسنے والے کی سفارش کرتے ہیں۔ برا نہ مانیے گا! آپ ہی جیسے لوگ جو بدترین سے بدترین مجرم کی حمایت پر آمادہ ہو جاتے ہیں، اپنے ملک کی موجودہ اخلاقی گراوٹ کے ذمہ دار ہیں۔" ڈپٹی صاحب نے بڑی خشونت سے کہا اور میں شرم سے پانی پانی ہو کر اُن کے سامنے سے سر پر پیر رکھ کر بھاگ نکلا۔

پندرہ روز بعد خوب زرق برق کپڑے پہنے اور ہاتھ میں مٹھائی کا ایک بڑا سا دونا لئے ہوئے بھولا ناتھ میرے بنگلے میں پھر طلوع ہوئے اور آتے ہوئے چیخے "مبارک ہو بابو جی! بحال ہو گیا ہوں۔ لیجئے یہ مٹھائی بچوں کو دے دیجئے گا۔"

"کس نے بحال کیا آپ کو؟" مبارکباد دینے کی بجائے میرے منہ سے بے اختیار یہ سوال نکل گیا۔

"اجی آپ کے دوست اُسی ڈپٹی کے بچے نے!" بھولا ناتھ کھلکھلا اُٹھے۔

"کیسے؟"

"بس یہ نہ پوچھئے۔ خوشامد اور سفارش سے تو وہ پسیجا نہیں۔ لہٰذا آخر میں مجھے مجبوراً اپنا آخری حربہ استعمال کرنا پڑا۔"

"وہ کیا؟"

"ڈپٹی صاحب کی موٹر کی مرمت کا بل چکایا۔ اُن کے بڑے لڑکے کے لئے ٹائپ رائٹر خریدا، اُن کی بیوی کے لئے گھڑی اور لڑکیوں کے لئے بنارسی ساڑیاں لایا اور خود ان کے

لئے ایک سوٹ اور جیسٹر سلوایا، تب کہیں جاکر قابو میں آیا وہ غریبوں کا خون چوسنے والا رشوت خور!"

میں سر پکڑ کر بیٹھ گیا۔

بھولا ناتھ قہقہہ لگا کر بولے، "بابو جی! آپ میرے لٹنے کا غم نہ کیجئے۔ لٹا ہوں تو لوٹوں گا بھی۔ ڈپٹی نے اب مجھے قرق امین بنا دیا ہے۔"

"یہ کس لئے؟"

اور یہ جو میں نے گھر پھونک کر تماشا دیکھا ہے، آخر اس کی تلافی بھی تو اصل مع سود ہونا ضروری ہے۔" بھولا ناتھ ہنستے اور جھومتے ہوئے میرے بیٹھکے سے نکل گئے اور میں نے دوسرے روز نہ صرف اپنا مکان بدل دیا بلکہ کلب سے بھی اپنا نام کٹوا لیا۔

اب اٹھتے بیٹھتے مجھے اپنی بیوی کی نگاہیں کچھ اس قسم کا اشارہ کرتی ہوئی محسوس ہوتی ہیں۔

بس اب رشوت میں کیا شرمندگی آنے دو لے بھی لو
قسم لو ہم سے گر یہ کبھی کہیں کیوں ہم نہ کہتے سے تھے؟

ریاضی داں

ایک ریاضی داں کے قول کے بموجب انسان اور حیوان کے درمیان حدِ فاصل ریاضی ہے۔ ہونے والے انسان نے جیسے ہی ایک اور ایک، دو جوڑنا سیکھا اسی وقت وہ دائرۂ حیوانیت سے نکل کر جامۂ انسانیت میں داخل ہو گیا۔ ریاضی کے دوسرے مفروضوں کی طرح یہ مفروضہ بھی کچھ مشتبہ اور مشکوک نظر آتا ہے کیونکہ اس کے تسلیم کرنے کے بعد لازمی طور سے یہ بھی تسلیم کرنا پڑے گا کہ اس موقع پر شلپ ماسٹر اپنا فیتہ اور قینچی لئے پہلے ہی سے موجود تھا ورنہ جامۂ انسانیت آتا کہاں سے؟ خیر اسے جانے دیجئے کیونکہ ریاضی میں اتنی وسعتِ قلب کہاں کہ وہ بندھے ٹکے اور اپنے تلے جوابات کے علاوہ تھوڑی سی بھی جولانیٔ طبع برداشت کر سکے یا اس امکان پر غور بھی کر سکے کہ اس کا کوئی مفروضہ غلط ہو سکتا ہے لیکن بہر حال ہمیں تو کچھ ایسا دکھائی پڑتا ہے کہ انسان نے بصورتِ موجودہ حسبِ ضرورت سے زیادہ ریاضی سیکھ لی ہے تو جامۂ انسانیت اس پر اس قدر تنگ اور چست ہو گیا ہے کہ اب وہ اسے اُتار پھینک کر پھر دائرۂ حیوانیت کی طرف بھاگ جانا چاہتا ہے۔ نتیجہ یہ نکلا کہ اگر ریاضی نے انسان کو انسان بنایا تو اپنی اس غلطی کی تلافی میں وہی اب اُسے پھر انسان سے حیوان بنا رہی ہے۔ ابتدا اگر ایک مثبت ایک برابر دو سے ہوئی تو انتہا

ایک منفی ایک برابر صفر ہے۔

ریاضی کے بعد انسان نے جو پہلا علم سیکھا ہوگا وہ یقیناً شاعری ہوگا۔ کیونکہ جہاں اُس سے ریاضی کا کوئی سوال غلط ہوا ہوگا وہیں پر شاعری کی داغ بیل پڑ گئی ہوگی۔ کہا جاتا ہے کہ ریاضی اور شاعری میں گہرا تعلق ہے ضرور ہوگا۔ کیونکہ بظاہر دونوں چیزیں ایک دوسرے کی ضد معلوم ہوتی ہیں اور آج کل کے محققین نے اس بات کا بیڑا اُٹھایا ہے کہ جو دو چیزیں ایک دوسرے سے سب سے زیادہ مختلف دکھائی پڑیں اُنھیں کے درمیان سب سے زیادہ گہرا تعلق ڈھونڈ نکالا جائے۔ اور پھر ریاضی اور شاعری دونوں ہی کی بنیاد مفروضات پر ہے۔ جن میں بظاہر تو زمین اور آسمان کا فرق نظر آتا ہے لیکن حقیقت میں اُن کی اصلیت ہے ایک ہی مثلاً جو ریاضی میں صفر ہے وہ شاعری میں معشوق کی کمر۔ ریاضی میں جو سود ہے اور کبھی کم ہونے ہی کو نہیں آتا وہ شاعری میں غم جاناں۔ ریاضی میں جسے کسر کہتے ہیں اُسے شاعری میں زلفِ چلیپا۔ بار بار کٹنے پر بھی اس قدر طویل سے طویل تر ہوتی جاتی ہے کہ طالب علم اور شاعر دونوں ہی کو دن میں تارے نظر آنے لگتے ہیں۔ اعشاریہ اور شب فراق ایک ہی چیز کے دو نام ہیں۔ دونوں میں کسی کی بھی نہ ابتدا ہے اور نہ انتہا وغیرہ وغیرہ۔ ریاضی اور شاعری کا گہرا تعلق ڈھونڈنے کے لئے دُور کیوں جائیے۔ جتنے صحرا اور دریا ریاضی کی مدد سے ناپے گئے اُن کے ناپنے والے شاعری کے ہیرو عاشق صاحبان نہیں تو اور کون تھے؟ اور پھر حضرت غالب تو خالص ریاضی میں شعر تک فرما گئے ہیں ؎

تم سلامت رہو ہزار برس　　ہر برس کے ہوں دن پچاس ہزار

ریاضی اور شاعری میں ایک بات تو خود ہمارے تجربے نے مشترک پائی ہے اور اور وہ یہ کہ ان دونوں میں سے کوئی بھی علم جن کو آتا ہے تو بس آتا ہی چلا جاتا ہے اور جن کو نہیں آتا تو بس نہیں آتا خواہ کچھ بھی کر ڈالئے ہم اُن لوگوں میں سے ہیں جن کو

نہ کبھی ریاضی خانم نے منہ لگایا اور نہ شاعری جان نے کوئی لفٹ دیا۔ ہم نے ان کے کوچوں کی خوب خوب گرد چھانی ہے اور ان کے دربانوں کی ہر طرح سے خوشامد اور خدمت بھی کی ہے لیکن رسائی اور پذیرائی تو بہت دور کبھی کسی نگاہِ غلط انداز کے بھی مرہون منت نہ ہو سکے۔ ہم کو نہ کبھی ریاضی آئی اور نہ شاعری اور کبھی دھوکے سے جھوٹ موٹ آ بھی گئی تو بے موقع چنانچہ وہ شامت اعمال ثابت ہوئی۔ ریاضی کا کوئی سوال حل کرتے وقت ہم پر شاعری کی پرچھائیں پڑ گئی اور ہم نے بیٹے کی عمر باپ سے جوگنی نکال دی یا کسی شاعرانہ ترنگ کے وقت ہمیں ریاضی یاد آگئی اور ہم نے گز نے کر طول شب فراق کو ناپنا شروع کر دیا تو نتیجہ ہمیشہ صفر یا معشوق کی کمر نکلا۔

ریاضی میں ہم نے کچھ چھوٹے موٹے امتحانات بھی پاس کئے ہیں اور ان مہمات کو سر کرنے میں سفارش۔ خوشامد اور رشوت کے علاوہ ہم نے اپنے ممتحنوں پر سندیلہ کے شہرۂ آفاق لڈوؤں سے چاندماری بھی کی ہے مگر آج تک ہماری ریاضی کی استعداد دھوبی کا حساب لکھنے سے آگے نہ بڑھ سکی۔ اور اس "ہنر" میں بھی ہمیں اپنا دھوبی اپنے سے کہیں زیادہ ہوشیار معلوم ہوتا ہے۔ اسی طرح شاعری میں اگرچہ ہم سخن فہم بھی ہیں اور غالب کے طرفدار بھی اور ہم نے اکثر بعض ایسے اشعار کے مطالب جن کو ہم خود بھی سمجھ نہ پائے تھے دوسرے لوگوں کو کچھ اس صفائی اور خوبصورتی سے سمجھا دئے کہ دوسروں کو کیا خود ہم کو اپنی ذہانت اور قابلیت پر ایمان لے آنا پڑا لیکن واقعہ در اصل یہ ہے کہ ہم نے آج تک کبھی کسی شعر کے دونوں مصرع ایک ساتھ موزوں نہیں پڑھے اور شاعری پر جان دینے کے باوجود ہمیں قطعاً معلوم نہ ہو سکا کہ شعر ڈھالا کیسے جاتا ہے اور بہت سے موضوعات شاعری تو آج تک ہماری سمجھ میں ایک سرے سے آئے ہی نہیں۔

ہمیں ریاضی کا نہ آسکنے کا ایک بڑا سبب یہ تھا کہ وہ ہمارے بڑے بھائی کو ضرورت سے زیادہ آتی تھی اور انھیں انگریزی ہم سے بہت کم آتی تھی لہذا ہم دونوں نے

ایک امداد باہمی قسم کی سوسائٹی بنا رکھی تھی۔ وہ ہمارے گھر کے سوالات ہمارے بجائے نکالا کرتے اور اس کے معاوضے میں ہم ان کے حصے کا انگریزی کا کام کردیا کرتے۔ ظاہر ہے کہ جب کسی کو گھر بیٹھے دودھ مل جایا کرے تو پھر وہ بھینس پالنے اور اس کی نازبرداریاں کرنے کی زحمت کس لئے برداشت کرے۔ چنانچہ ایسی صورت میں ریاضی سیکھنے کی ہم کیوں سعیِ لاحاصل کرتے، ریاضی سیکھنے ہمارے دشمن۔۔!

لیکن ہمیں ریاضی سے محروم رکھنے میں سب سے بڑا ہاتھ ہمارے پرائیوٹ ٹیوٹر لالہ رودر پرشاد جی آنجہانی کا تھا۔ انھوں نے زندگی بھر لڑکوں کو ریاضی پڑھاتے پڑھاتے ریاضی کو اپنے اوپر اس بری طرح سے طاری کر رکھا تھا کہ وہ جامۂ انسانیت سے نکل کر صرف ایک چلتی بولتی چکرورتی کی کتاب ہو کر رہ گئے تھے۔ ہندسے اُن کے دماغ میں ایسے پھدکتے رہتے جیسے کسی تالاب کے کنارے مینڈک۔ اُن کو آتا دیکھ کر لڑکے پکار اُٹھتے "چھوٹا بریکٹ بند بڑا بریکٹ شروع" اعشاریہ اور کسر کے خشک سے خشک اور تلخ سے تلخ تر سوالات میں اُنھیں خاص ملکہ اور مہارت حاصل تھی اور اُن کی بدولت وہ نہ صرف ہمارے لئے بلکہ ہمارے ایسے بہت سے طالب علموں کے لئے اس دلچسپیوں سے بھرپور زندگی کو ایک مسلسل خواب پریشاں بنائے ہوئے تھے۔ اُن کا تکیہ کلام تھا "فرض کرو کہ" اور اس کو دہرانے کے بعد اُن کو مکمل آزادی تھی کہ وہ اس زمین و آسمان کے نیچے جو کچھ بھی جی چاہے فرض کر ڈالیں خواہ اُسے عقل و ہوش سے دُور کا بھی واسطہ نہ ہو۔

"فرض کرو کہ ایک سڑک اتنی چوڑی ہے تو بتاؤ اس پر اتنے چوڑے کتنے آدمی نکل سکتے ہیں۔؟" عرض کیا گیا کہ ہزاروں، لاکھوں، کروڑوں بلکہ ان گنت انسان اُس سڑک پر نکل سکتے ہیں، بشرطیکہ وہ شرافت کے ساتھ ایک کے بعد ایک نکلیں۔ لیکن جی نہیں ماسٹر صاحب کو ضد تھی کہ جتنے بھی آدمی اُس سڑک پر سے نکلیں وہ صرف ایک

ساتھ نکلیں بلکہ اِس کی چوڑائی میں قطار بنا کر نکلیں۔ اب آپ خود ہی غور فرمائیے کہ سڑک کے کنارے اکثر نالیاں بنی ہوتی ہیں، چھجے چبوترے اور زینے بھی ہوتے ہیں۔ بھلا ایک قطار بنا کر اور پوری سڑک کو گھیر کر کیسے نکلا جا سکتا ہے اور پھر اگر سمت مخالف سے کوئی موٹر یا لاری آ رہی ہو تو۔؟

فرض کرو کہ پہلا گدھا تین بالٹی دوسرا گدھا دو بالٹی اور تیسرا گدھا (غالباً وہ پورا گدھا نہیں بلکہ صرف گدھے کا بچہ ہوگا) ایک بالٹی پانی پیتا ہے۔ اب اگر ایک گڑھے میں صرف چار بالٹی پانی ہے تو ان گدھوں کو کس تناسب سے پانی پینا چاہیئے؟ ع "دل صاحبِ اولاد سے انصاف طلب ہے۔" اگر ان گدھوں کو اتنا ہی شعورِ تناسب ہوتا تو وہ دوسرے ریاضی ماسٹر ہوتے گدھے کیوں ہوتے۔ بہرحال جواب دیا گیا: "صاحب جو گدھا پہلے گڑھے کے پاس پہونچ جائے گا وہ اپنی پیاس بھر پانی پی لے گا" لیکن توبہ کیجئے ماسٹر صاحب اپنے طالب علموں کا خون خشک کر کے گدھوں کو تناسب سے پانی پلائے بغیر مان ہی نہیں سکتے تھے۔

فرض کرو کہ ایک حوض میں اتنا پانی آتا ہے اور ایک بمبا اُسے اتنی دیر میں بھرتا ہے — اور ایک سوراخ سے اتنی دیر میں اُس کا سارا پانی نکل جاتا ہے تو بتاؤ کہ اگر وہ بمبا اور سوراخ ایک ساتھ کھول دیئے جائیں تو وہ حوض کتنی دیر میں بھر جائے گا؟" دل پر ہاتھ رکھ کر بتائیے کہ کون ایسا فاتر العقل ہوگا جو ایک ایسے حوض کو بھرنے کی کوشش کرے گا جس سے پانی فوراً نکل جاتا ہو اور بالفرض محال اگر شرارت میں کسی لڑکے نے بمبا کھول بھی دیا ہو تو بات کا بتنگڑ بنا کر اُس کے بجائے دوسرے لڑکوں پر اُن کا عرصۂ حیات تنگ کر دینا کیا معنی رکھتا ہے۔

جس زمانے میں روکر ڈیر شاہ جی ہمیں حساب پڑھانے ہمارے گھر پر آتے اُسی زمانے میں شومئ قسمت سے ہمارے مکان کے سامنے ایک نیا مکان بن کر تیار ہوا تھا۔

انھوں نے اُس کو ہمارے لئے ایک مستقل سوالیہ نشان بنا کر کھڑا کر دیا تھا۔ چونکہ اُن کا دماغ صرف جمع باقی ضرب اور تقسیم کی ایک مشین بن کر رہ گیا تھا لہذا انھیں اُس کے جائے وقوع، وسعت، خوبصورتی، مضبوطی یا دوسرے فنی یا رہائشی پہلوؤں سے کوئی مطلب نہ تھا، انھیں صرف اس کے متعلق "فرض کرو کہ" سے دلچسپی تھی اور انھوں نے کچھ نہیں تو کم سے کم دو ہزار سوالات اُس کی بابت ڈھال کر رکھ دیئے تھے اور چونکہ اُن کے جوابات فراہم کرنے سے ہم قطعاً عاجز اور لاچار تھے لہذا وہ بے چارے خود ہی اس فرض کو بھی انجام دیتے جاتے۔

"فرض کرو کہ اس مکان میں اتنی اینٹیں لگی ہیں اور ایک کھیپ میں ایک گدھا اتنی اینٹیں لاتا ہوگا تو یہ کل اینٹیں لانے میں دو لاکھ بتیس ہزار نو سو بہتر صحیح دو بٹا تین گدھے کام میں لائے گئے ہوں گے اب انھیں کون سمجھاتا کہ چار پیر کے اتنے گدھے تو شاید پورے ہندوستان میں بھی نہ مل سکیں گے۔ یا دو بٹا تین گدھے سے اُن کی مُراد وہ گدھا تو نہیں جو صرف ایک بالٹی پانی پیتا تھا۔

"فرض کرو کہ اِس مکان میں اتنی اینٹیں جوڑی گئی ہیں اور ایک دن میں ایک مزدور اتنی اینٹیں جوڑتا ہے تو اتنے مزدوروں نے اس کو اٹھتر برس چھ مہینے گیارہ دن رات گھنٹے، چودہ منٹ اور تین سکنڈ میں بنایا ہوگا۔" واضح رہے کہ اتنے دنوں تو ہندوستان کی جنگ آزادی بھی نہیں لڑی گئی تھی اور اس مدت دراز تک اگر اتنے مزدور اس مکان میں لگے رہتے تو یہ مکان یقیناً اس شہر کا کیا پورے ملک کا سب سے بڑا قبرستان ہوتا۔

"فرض کرو کہ اس مکان کو اتنے دنوں میں اتنے مزدوروں نے بنایا ہو اور ہر مزدور نے اتنی اینٹیں روزانہ جوڑی ہوں تو اس میں اڑتیس لاکھ چار سو ساڑھے تین اینٹ لگی ہوں گی۔" تو صاحب لگی ہوں گی! ہم سے اور آپ سے مطلب؟ ہمیں تو فیق

ہو گی تو ہم اڑتیس کروڑ اینٹوں کا مکان بنوالیں گے۔

اور جب وہ اینٹوں، مزدوروں اور گھنٹوں کی پہیلیاں بجھاتے بجھاتے تھک جاتے تو پھر مکان کی اینٹ سے اینٹ بجاتے لگتے۔" فرض کرو کہ ایک اینٹ نو انچ لمبی ہے تو اگر تیس لاکھ چار سو ساڑھے تین اینٹ ایک دوسرے کے اوپر سیدھی کھڑی کر دی جائیں تو کتنی اونچی مینار بن جائے گی؟" اب خدا لگتی کہئے گا کہ سوائے کسی پاگل کے کون ایسی مینار بنوائے گا اور کون کمبخت معمار اپنی جان سے ہاتھ دھو کر ایسی مینار بنانے پر آمادہ ہو گا اور جس وقت ایسی منحوس اور مخدوش مینار بن رہی ہو گی تو کیا محلے والوں کے سر مانگے کے ہیں کہ وہ اس کو بنتا دیکھتے رہیں گے اور آمادۂ فوجداری نہ ہو جائیں گے۔

ہمارے محترم استاد نے زندگی بھر میں صرف ایک جواب غلط نکالا تھا اور وہ یہ کہ ہم ہائی اسکول کا امتحان کم سے کم ریاضی میں کبھی نہیں پاس کر سکتے ہم پاس ہو گئے تو انھیں اپنے جواب کے غلط ہونے کے رنج سے زیادہ اس بات کی خوشی ہوئی کہ ہمارے ایسے نالائق شاگرد سے اُن کا پیچھا چھوٹ گیا۔

ابھی چند دن ہوئے ہمیں ناگہاں ایک سفر کے دوران ایک ماہر ریاضی مل گئے اور ہمیں اپنے مرحوم اُستاد لالہ روکڑ پرشاد جی کی یاد تازہ ہو گئی کچھ دیر باتوں کے بعد بے تکلفی بڑھی تو وہ ہم سے ریاضی کے کچھ یکتا نہ قسم کے سوالات کرنے لگے اور جب ہم اُن کی پسند کے مطابق جوابات نہیں دے سکے تو وہ ہمارا مُنھ کچھ اس حیرت سے تکنے لگے جیسے ہم کسی پاگل خانے سے بھاگے ہوئے سفر کر رہے ہوں۔

درجے میں صرف ہم اور وہ تھے اور گاڑی ایک درمیانی اسٹیشن پر رکنے جا رہی تھی۔ ان کے بہت سے سوالات کے جواب میں ہم نے بھی ہمت کر کے اُن سے

ایک سوال کر ڈالا۔

"فرض کرو کہ ایک جگہ پر ایک گدھا اور ایک انسان ہے۔ اگر انسان بھاگ جائے تو وہاں باقی کیا بچے گا؟"

"کیا مطلب اس سوال سے آپ کا؟" وہ ناراض ہو کر چیخے۔

"مطلب یہ کہ......" گاڑی جیسے ہی رکی ہم بھاگ کر درجے سے نیچے اتر گئے۔

چوتھا راستہ

مولوی صاحب بیچارے یوں تو بہت سیدھے سادھے تھے لیکن کیا کیا جائے عورت سے دلچسپی ان کی گھٹی میں پڑی ہوئی تھی۔ شروع جوانی میں تاک جھانک کے ساتھ پیر کچھ ڈگمگا بھی گئے تھے لیکن پھر جب اُن کے پیر شیخ بدھو شاہ نے ان کے ساتھ اپنی اکلوتی لڑکی بیاہ کر اُنھیں اپنا خلیفہ بنا دیا تھا تو وہ بہت جلد سیدھے راستے پر آ گئے تھے۔ ایک سوگھڑ اور وفادار بیوی پاکر جو اپنے جہیز میں اپنے باپ کی بزرگی اور روپیہ اُگلنے والے مرید بھی لائی تھی، مولوی صاحب نے پھر کسی دوسری عورت سے کبھی کوئی قابل اعتراض رشتہ نہیں رکھا تھا اور صرف اپنی بیوی کے میاں بن کر رہ گئے تھے۔ البتہ آنکھ کے سامنے کوئی دل لبھانے والی صورت آجاتی تو اپنی پرانی عادت سے مجبور ہو کر اُسے جی بھر کر دیکھ ضرور لیتے لیکن پھر فوراً ہی کوئی دُعا بُدبُدا کر اپنے اوپر پھونک لینے کے بعد وہ ایسے مسکراتے جیسے کسی آئی بلا کو انھوں نے بڑی عقلمندی سے ٹال دیا ہو۔

انھوں نے کسی بہت پرانی کتاب میں پڑھ رکھا تھا کہ اچھی صورت دیکھ کر خدا کی تعریف کرنا بھی ایک عبادت ہے۔ وہ ایسی عبادتیں بہت کیا کرتے اور اسے خدا کی دین سمجھتے کہ اُن کے مریدوں میں عورتوں اور جوان عورتوں کی کمی نہیں تھی۔ مولوی صاحب کی عمر تو

چالیس کے لگ بھگ ہو گی لیکن تندرستی بہت اچھی تھی بھو کے مریدوں نے اپنے محترم پیر کو اچھے کھانوں سے کبھی محروم نہیں رکھا تھا۔ ان کا رنگ صاف اور ناک نقشہ تیکھا اور سڈول تھا جسے ان کی گنجان داڑھی نے اور بھی شاندار بنا دیا تھا۔ کبھی کبھی انھیں یہ بھی خیال گذرتا کہ اتنی بہت سی عورتیں جو ان کے پاس پھونک ڈلوانے یا تعویذ لینے آتی ہیں تو یہ سب کی سب انھیں صرف پیر نہیں سمجھتی ہیں، بلکہ ان میں سے کچھ انھیں یوں بھی پسند کرتی ہیں۔ لیکن لاحول ولا قوۃ کہہ کر وہ اس گندے خیال کو اپنے دماغ سے فوراً نکال دینے کی کوشش کرتے البتہ اس سے انھیں کچھ طمانیت قلب ضرور حاصل ہو جاتی جسے وہ کشف روحانی سے تعبیر کرتے۔

مولوی صاحب کی بیوی بیمار پڑیں تو اُن کی دیکھ بھال کے لئے نشکورن ایک نئی ماما رکھ لی گئی۔ یہ صورت شکل کی اچھی اور کام کاج میں چوکس تھی۔ عمر تیس سال سے اوپر ہو گی ایک شوہر بیوہ کر گیا تھا اور دوسرا شوہر طلاق دے چکا تھا لیکن اُن شوہروں سے پیچھا چھڑا چکنے کے بعد بھی جوانی نے اُس کا پیچھا نہیں چھوڑا تھا اور راکھ میں چھپی ہوئی چنگاری صاف دکھائی پڑتی۔ مولوی صاحب اُس کے کام سے تو راضی تھے لیکن اس کی چٹک مٹک نے انھیں ضرورت سے زیادہ پریشان کر رکھا تھا۔ وہ بار بار اپنا آنچل ٹھیک کرتی یا آنکھیں چلا کر بات کرتی یا ساری کے پلو سے اپنا پیٹ کھول دیتی یا کولھے گھماتی ہوئی چلتی تو وہ منہ ہی منہ میں اُس پر لعنتیں بھیجتے لیکن اُن کے دل میں ایک نامعلوم کھچڑی سی پکنے لگتی اور وہ بدحواس ہو کر ایک ہاتھ سے اپنی داڑھی اور دوسرے سے اپنی تسبیح پکڑ کر اسے دیکھتے رہ جاتے۔ اُن کی حقیقت بیں نگاہوں میں یہ ہوش ربا جلوے قُربِ قیامت کی کھلی ہوئی علامتیں تھیں۔

اپنی بیوی کی بیماری کے متعلق مولوی صاحب کو یقین کامل تھا کہ ان پر کوئی جن

آ گیا ہے لہٰذا انھوں نے اُن کو تعویذ گھول کر پلانے وظیفے پڑھنے اور فلیتے جلانے میں کوئی کسر اُٹھا نہ رکھی تھی۔ کچھ لوگوں نے جب کہا تھا کہ اُن کا ڈاکٹری علاج کرائیے تو مولوی صاحب نے ان کو بے وقوف سمجھ کر جواب دیا تھا "اجی آپ بھی کیا باتیں کرتے ہیں۔ جن کا علاج تو ڈاکٹر کے باپ کے پاس بھی نہیں ہے۔ جن کا علاج تو صرف وہی کر سکتا ہے جو جن کو پہچانتا ہو۔ لوہا لوہے سے کٹتا ہے نا؟" رات کو اُٹھ کر وظیفے پڑھنے کے سلسلے میں مولوی صاحب کو اکثر کسی ضرورت سے شکورن کو سوتے سے جگانا بھی پڑ جاتا۔ ایک رات انھوں نے کئی آوازیں دیں لیکن شکورن بولی نہیں۔ بیوی کے کچی نیند جاگ پڑنے کے خوف سے انھوں نے اور زیادہ پکارنا مناسب نہ سمجھا بلکہ دبے پیروں جا کر کپکپاتے ہاتھوں سے اُس کے کندھے کو اپنے ڈنڈے سے ایک ٹھوکا دیا۔

وہ بڑے والہانہ انداز سے ہاتھ پیر کی سُدھ بغیر جوانی کی نیند میں مست تھی۔ اُس کی ساری کا اوپری حصہ اور نیچے گھٹنوں تک پیر کھلے ہوئے تھے جس سے رات کے دھندلکے میں بھی اس کا سڈول اور چکنا جسم چمک رہا تھا۔ مولوی صاحب کے ہاتھوں میں لرزتا ہوا ڈنڈا کندھے کے بجائے سینہ پر لگا شکورن چونک کر اُٹھ بیٹھی۔ مولوی صاحب بیچارے کی آنکھیں چوندھیا گئیں لیکن ان پر بجلی اس وقت گری جب انھوں نے دیکھا کہ وہ خفا ہونے کے بجائے مسکرا رہی ہے۔ ایک طنزیہ اور فخریہ مسکراہٹ اور پھر کچھ اس انداز سے جیسے اُن کی پارسائی پر رحم کھا رہی ہو! مولوی صاحب اپنی توہین برداشت کر سکتے تھے لیکن اپنی پارسائی کی ہرگز نہیں۔ اُن کی پارسائی اُن کا پیشہ اور اُن کی زندگی کا سہارا تھا۔ وہ لاحول پڑھتے ہوئے دبے پیروں لوٹ آئے اور پھر انھوں نے شکورن کو رات میں جگانے کی ہمت کبھی نہیں کی۔

مولوی صاحب کی بیوی چل بسیں تو ان پر غم کا پہاڑ ٹوٹ پڑا۔ کچھ دنوں کے لئے

تو وہ کسی بھی عورت سے آنکھ ملانا گناہ سمجھنے لگے۔ ننکورن سے تو وہ ایسا ڈرنے لگے جیسے وہ انھیں ڈس لینے کے لئے اُدھار کھائے بیٹھی ہو۔ سوائے ناشتے اور کھانے کے لئے انھوں نے گھر کے اندر پیر رکھنا ہی چھوڑ دیا۔ ہر وقت اپنے بیٹھکے میں وہ کچھ کھوئے کھوئے سے بیٹھے رہتے۔ دعا کرانے پھونک ڈلوانے یا تعویذ اور فلیتے لینے جو مرید آتے اُن سے بھی وہ صرف نپی تُلی باتیں کرتے۔ پہلی بیوی سے جو تین برس کا ایک لڑکا اور پانچ برس کی ایک لڑکی تھی اُسے انھوں نے کچھ دنوں کے لئے اپنی بہن کے ساتھ کر دیا تھا۔

کچھ ہفتوں بعد دھیرے دھیرے مولوی صاحب اپنی پرانی حالت پر آگئے لیکن عورت کے معاملے میں وہ پہلے سے کہیں زیادہ چوکنا رہنے لگے تھے جیسے وہ کسی گندے نالے کے کنارے پڑا ہوا کیلے کا چھلکا ہو۔ گھر کے اندر وہ جاتے تو آنکھیں نیچی کر کے، اور ننکورن کی طرف دیکھتے تو اُن کا چہرہ سرخ ہو جاتا اور وہ اس سے بات کرنے ایسا جھجھکتے جیسے اُنھیں اُس کا کوئی قرضہ چکانا ہو۔ لیکن ننکورا اُنھیں مُسکرا مُسکرا کر ایسا دیکھتی جیسے کوئی بلی کسی ایسے چوہے کو دیکھ رہی ہو کہ جس کے بھاگ نکلنے کا راستہ بند ہو چکا ہو۔

اور پھر جب جاڑے کی راتوں میں مولوی صاحب کی تنہائیاں بڑھنے لگیں تو اُن کی اُلجھنوں میں بھی زیادتی ہو گئی اور وہ پہلے سے کہیں زیادہ طویل وظیفے پڑھنے لگے تھے۔ انھوں نے کچھ تجربہ کار مریدوں کے کہنے سے دل میں تو یہ طے کر لیا تھا کہ وہ دوسری شادی کر لیں گے لیکن ابھی زبان سے اس کا اقرار نہیں کیا تھا۔ وہ چاہتے کہ اُن کی دوسری بیوی پہلی بیوی سے کم سن اور خوبصورت ہو، لیکن دوسری شادی وہ کم سے کم پہلی بیوی کی موت کی برسی کے بعد کرنا چاہتے تاکہ دنیا یہ نہ کہے کہ مولوی صاحب دوسری شادی کے لئے پہلی بیوی کی موت کا انتظار ہی کر رہے تھے۔ شادی کے علاوہ کسی گناہ کا تصور ان کے حاشیہ خیال میں بھی نہیں آسکتا تھا۔ انھوں نے پارسائی کی جو گہری پالش اپنے قول اور فعل پر لگائی تھی وہ اُن کے دل اور دماغ میں بھی سرایت کر چکی تھی۔

لیکن پھر مولوی صاحب بیچارے پر حادثات کی بارش سی ہونے لگی اور انھیں کچھ ایسا معلوم ہونے لگا جیسے اُن کا پرانا دشمن شیطان جس کو وہ آج تک اٹھتے بیٹھتے دباتے اور پیٹتا تے رہے تھے سایک دم سے ان سے بدلہ لینے کے لئے پیچھے جھاڑ کر اُن کے پیچھے پڑ گیا ہو اور اس نے اُن کی پارسائی میں بٹہ لگانے کے لئے اپنی کنی خلائیں اُن کے چاروں طرف چھوڑ دی ہوں۔

مولوی صاحب دوپہر میں کھانا کھا کر ذرا کمر سیدھی کرنے کے لئے اپنے بیٹھکے میں لیٹ گئے تھے شکوران کے متعلق ان کے الجھے ہوئے دماغ میں مختلف خیالات کچھ ایسے منڈلا رہے تھے جیسے کسی تپتی ہوئی دوپہر میں آسمان پر چیلیں۔ کبھی شکوران انھیں ایک ایسا فرشتہ معلوم پڑتی جو اُن کے بے چین جسم کو سکون دینے کے لئے خاص آسمان سے بھیجا گیا ہو لیکن پھر فوراً ہی وہ انھیں ایک چڑیل سی معلوم ہونے لگتی جو اُن کو اپنے ساتھ جہنم کے آخری درجے تک لے جانے کے لئے ہر طرح سے بہلا اور پھسلا رہی ہو۔ کبھی وہ ٹھان لیتے کہ آج ہی شام کو وہ شکوران کو اپنے گھر سے نکال دیں گے۔ جلنے کا ڈر ہے تو پھر انگاروں سے کھیلنا بیوقوفی نہیں تو اور کیا ہے؟ لیکن پھر اس فیصلے میں انھیں اپنی پارسائی کی بڑی ذلت دکھائی پڑتی۔ کیا وہ ایسی کچے موم کی بنی ہے کہ گناہ کی کوئی ہلکی سی آنچ پڑتے ہی وہ پانی کی طرح بہہ جائے گی؟

بیٹھکے کا ایک دروازہ گھر میں کھلتا۔ اُسی کے سامنے نل تھا۔ نل کے نیچے کوئی منھ ہی منھ میں گنگناتا ہوا نہا رہا تھا۔ مولوی صاحب جانتے کہ اِس وقت گھر میں سوائے شکوران کے اور کون ہو سکتا ہے۔ لیکن انھوں نے شبہ دور کر لینے میں کوئی ہرج نہیں سمجھا۔ وہ چپکے سے اُٹھے اور کواڑوں کی جھری سے سامنے جھانکا.........

اور پھر جو کچھ انھوں نے دیکھا اس کی تاب نہ لاتے ہوئے وہ گھائل شکاری کی طرح

زمین ہی پر بیٹھ گئے اور بڑی دیر تک اپنی آنکھیں بند کئے رہے۔ یا خداوندا! اس دنیا میں کمزور انسان کے لئے کتنی جان لیوا آزمائشیں ہیں!

اچانک کسی نے باہری دروازے کی کنڈی کھٹکھٹائی۔ مولوی صاحب نے یہ سوچتے ہوئے کہ کوئی فرشتہ ٹھیک وقت پر ان کا ایمان بچانے آپہونچا ہے لپک کر دروازہ کھول دیا۔ برقعے کی نقاب سے جدّن کا چہرہ ایسا چمک رہا تھا جیسے کالے بادلوں کے بیچ میں چاند! مولوی صاحب صرف تہمد اور بنیائن پہنے بُت بن کر اُسے گھورنے لگے اور پھر جب وہ "تسلیم" کہہ کر اُن سے ٹکراتی ہوئی کمرے میں داخل ہوئی اور فضا میں ایک خاص قسم کی خوشبو پھیل گئی تو انھیں بالکل ایسا معلوم ہوا جیسے وہ کسی بھنور میں پھنس کر ڈوب رہے ہوں۔ بڑی مشکل سے اُنھوں نے اپنے آپ کو سنبھالا اور اپنے کھلے منھ کو بند کرکے جدن کے پاس جاکر تخت پر بیٹھ گئے۔ جدّن کی ماں جو دو بچے جنے ہوئے مرگئی تھی مولوی صاحب کی پُرانی مرید تھی اور جب بھی ضرورت پڑتی وہ ان سے تعویذ اور وظیفے لے جایا کرتی لیکن جدن کا مولوی صاحب کے یہاں یوں اکیلے آجانے کا پہلا اتفاق تھا۔

جدّن اپنی چھوٹی بہن للّن کے لیے اس بات کا تعویذ لینے آئی تھی کہ اُسے سیٹھ بنارسی داس سے جو نفرت ہے اور جس کی وجہ سے وہ انھیں منھ نہیں لگاتی ہے وہ دور ہو جائے۔ "سب ٹھیک ہو جائے گا" مولوی صاحب نے بھرّائی ہوئی آواز میں کہا "تم کل ایک سفید مرغ بھیج دینا۔ ہو سکے تو سیٹھ جی کو بھی میرے پاس بھیج دینا۔ مجھے ان سے بھی کچھ کہنا ہے۔" جدن جانے لگی تو اس نے مولوی صاحب کو پانچ روپے کا ایک نوٹ دینا چاہا۔ مولوی صاحب نے انکار کیا۔ اس کا اصرار اور مولوی صاحب کا انکار زیادہ بڑھا تو دونوں کے ہاتھ آپس میں اُلجھ گئے۔ مولوی صاحب اس ٹکراؤ سے پہلے تو ایسا جھجکے جیسے اُن کے بجلی کا کرنٹ لگ گیا ہو لیکن پھر بے قابو ہوکر انھوں نے

بڑی بندگی سے جدن کے سر پر ہاتھ رکھ کر اُسے اپنے سینے سے لگا لیا۔ جدن نے جلدی سے نوٹ تو بستر پر ڈال دیا اور اپنا برقع سمیٹتی ہوئی یہ کہہ کر کمرے سے باہر نکل گئی۔ "مولوی صاحب آپ تو ہمارے یہاں کبھی آتے بھی نہیں۔ میں ہر طرح سے آپ کی خدمت کے لئے تیار ہوں"۔۔۔۔ مولوی صاحب بوکھلا کر اوندھے منہ اپنے بستر پر گر پڑے۔ ان کا دل اس طرح دھڑک رہا تھا جیسے ان کے سینے میں روئی دھنکی جا رہی ہو۔۔۔۔ کچھ دیر بعد انھوں نے سر اُٹھا کر دیکھا تو شکورن ایک پیالی چائے لئے اُن کے پاس کھڑی مسکرا رہی تھی۔

اور پھر ایک روز شام کو جب کافی اندھیرا ہو چکا تھا اور مولوی صاحب ربر کے جوتے پہنے کچھ کھوئے ہوئے سے گھر کے اندر جا رہے تھے تو بروٹھے ہیں وہ رنگیلی دھوبن سے ٹکر کھا گئے۔ اُن کی تسبیح اُچھل کر اُن کے ہاتھ سے نکل گئی اور اس کو سنبھالنے کے لئے انھوں نے اپنا ہاتھ جو لپکایا تو نہیں معلوم اس اندھیرے میں کیا ہوا کہ ایک طرف تو رنگیلی "اُوئی" کہہ کر کھلکھلا اُٹھی اور دوسری طرف مولوی صاحب نے اپنا ہاتھ اس تیزی سے گھسیٹا جیسے کسی بچھو نے اُس پر ڈنک مار دیا ہو۔ رنگیلی صرف نام کی نہیں بلکہ طبیعت کی بھی بڑی رنگیلی تھی۔ اُس کے بڈھے شوہر کو اڈہ بنا کر محلے کے سبھی منچلے اسے بھابھی کہتے اور اس رشتے سے سب اس سے اور وہ سب سے ہنسی مذاق کیا کرتی جو کوئی بُرے چھیڑتا وہ اُسے چھیڑے بغیر نہ مانتی اور کبھی باتوں ہی باتوں میں ایسی کھُلی چوٹ کر جاتی کہ سننے والے کو مارے شرم کے چپ رہ جانا پڑتا۔ مولوی بننے سے پہلے مولوی صاحب اور رنگیلی میں بھی کافی بے تکلفی تھی پھر بعد میں اپنی بزرگی کے خیال سے وہ اسے دیکھ کر گھبرانے اور کنائی کاٹنے لگے تھے لیکن وہ چھوڑنے والی نہیں تھی۔ وہ موقع پاتی تو اُسے ان پر کوئی چبھتی ہوئی بات چپکائے بغیر چین ہی نہیں پڑتا۔ مولوی صاحب تلملا کر رہ جاتے لیکن ایک دفعہ غلطی سے منہ لگا لینے کے بعد وہ اب کر ہی کیا سکتے؟

رنگیلی تڑے زور سے مولوی صاحب کا ہاتھ کھسوٹا کر بولی: بڑے آئے ہو مولوی بن کر۔ تمھاری پرانی حرکتیں ابھی چھوٹی نہیں۔ چیخ دوں ابھی تو کیا رہ جائے تمھاری؟" مولوی صاحب بیچارے کی گھگھی بندھی ہوئی تھی وہ جواب کیا دیتے؟ شکورن نے کچھ آہٹ پائی تو وہ لالٹین لے کر دوڑی۔ رنگیلی جھٹک کر باہر نکل گئی اور مولوی صاحب زمین پر بیٹھ کر اپنی کھوئی ہوئی تسبیح ڈھونڈھنے لگے۔

آئے دن کی چھوٹی موٹی چوٹوں کا تو ذکر ہی کیا لیکن وہ بھی تین دن کے اندر شکورن، جدن۔ اور رنگیلی نے تابڑ توڑ جو بہت سخت اندرونی چوٹیں پہونچائی تھیں اُن سے مولوی صاحب تلملا اُٹھے۔ انھیں کچھ ایسا محسوس ہوتا جیسے اُن کی پارسائی کی لاش ان کے سامنے پڑی ہو اور اس کو نوچنے اور کھانے کے لئے چاروں طرف سے بہت سے شکورن، جدن، اور رنگیلی وغیرہ کی شکلوں کے گِدھ کٹکٹاتے اور دانت پیستے آگے بڑھ رہے ہوں۔ کئی روز حد سے زیادہ بدحواس رہنے کے بعد انھوں نے آخری فیصلہ یہ کیا کہ وہ مہینے کی پہلی تاریخ کو شکورن کو ضرور جواب دے دیں گے اور کچھ دنوں کے لئے گھر بار چھوڑ کر اپنے بچوں کے پاس اپنی بہن کے یہاں چلے جائیں گے۔

اپنے اس فیصلے پر وہ بہت دنوں کے بعد کچھ مسکرائے بھی۔ شیطان نے آخر انھیں سمجھا کیا ہے؟ اُن کے گرد اگر جال مضبوط ہے تو ابھی ان کے پر دل میں اس کو توڑ کر نکل بھاگنے کی بھی طاقت موجود ہے..!

مہینے کی آخری تاریخ کو رات میں کھانا کھا کر مولوی صاحب نے شکورن سے کہا دیکھو کل میں بچوں کو دیکھنے بیس پچیس دن کے لئے بہن کے یہاں مین پوری جا رہا ہوں تم کل سویرے اپنا حساب کر لینا اور بیگم صاحب کے جو دُھلے ہوئے کپڑے علیٰحدہ رکھے ہیں وہ بھی لیتی جانا۔" شکورن نے مولوی صاحب کے سامنے سے خالی برتن اُٹھاتے اور

اپنی ساڑی کا آنچل ٹھیک کرتے ہوئے کہا "بچوں کو یہیں نہ بلا لیجئے مولوی صاحب۔ وہاں گھبراتے ہوں گے اور یہاں تو وہ مجھ سے کافی ہل بھی گئے تھے!"

اس جواب سے مولوی صاحب بھی ہل گئے اور اُن کو اپنا دل پگھلتا ہوا سا معلوم ہوا لیکن وہ ڈگمگائے بالکل نہیں "خیر یہ بعد میں دیکھا جائے گا!" کہتے ہوئے وہ جلدی سے گھر سے باہر نکل گئے اور دل ہی دل میں بہت خوش تھے کہ شکورن کو گھر سے نکالنے کے پہلے اور سب سے مشکل امتحان میں وہ پورے اتر گئے۔ اب آگے کے امتحان اس سے کہیں زیادہ آسان تھے۔

طبیعت میں بڑی اُلجھن تھی لہذا مولوی صاحب کچھ دیر بیٹھکے میں اِدھر اُدھر گھومنے کے بعد اپنی بنڈی پہن کر جس میں اور دوسرے نوٹوں کے ساتھ جدّن کا دیا ہوا نیا نوٹ اب بھی کھڑ کھڑا رہا تھا، ٹہلنے کے لئے باہر نکل گئے۔ جاڑوں کی رات تھی نو بج چکے تھے۔ سڑکیں اور گلیاں سنسان تھیں۔ ٹہلتے ٹہلتے وہ ایک چوراہے پر پہونچ گئے یہاں سے ایک راستہ واپس گھر شکورن کے پاس جاتا۔ دوسرا راستہ جدّن کے گھر اور تیسرا راستہ رنگیلی کی کوٹھری کو جاتا۔ مولوی صاحب ادبدا کر بڑے جوش سے چوتھے راستے پر جو انھیں سب سے زیادہ محفوظ معلوم ہوا چل پڑے۔ کافی دیر چلنے کے بعد مولوی صاحب ایک ایسی گنجان گلی میں پہونچ گئے جہاں پھیلی ہوئی چاندنی کے باوجود کافی اندھیرا تھا۔ گلی کے نکڑ پر ایک نیم کے درخت کے پاس پہونچ کر وہ لوٹنے کے لئے مڑے تو گلی کے فرش پر اُن کے جوتے کی نال زور سے کھنکی۔ چونک کر وہ بھی کھنکھار اُٹھے۔ اچانک برابر کے دروازے پر اندر سے پہلے کچھ کھسپھساہٹ اور پھر کنڈی کھلنے کی آواز آئی۔ مولوی صاحب ٹھٹھک کر درخت کی آڑ میں ہو گئے دروازے سے ایک نوجوان لڑکی صرف شلوکا اور پیٹی کوٹ پہنے ہوئے نکلی اور درخت

کے قریب آکر اُس نے بڑی رازداری سے کہا "آپ کو رامو داد نے بھیجا ہے؟ پانچ روپے دیجئے اور اِس طرف گلی کے دروازے سے اندر آجائیے"۔۔۔۔۔۔۔

دوسرے روز مولوی صاحب نے شکورن کا حساب کرنے کے بجائے اس سے شادی کرلی اور پیری فقیری چھوڑ کر کچھ دنوں بعد خالی بوتلوں اور ٹین کے بکسوں کی ایک چھوٹی سی دکان کھول دی! اب اُن کا عقیدہ ہے کہ شیطان انسان کو نہیں بلکہ انسان شیطان کو ورغلاتا ہے۔

گیہوں کی تلاش

ہندستان جنت نشان کو انڈیا یعنی بھارت بنے، مطلب یہ کہ آزاد ہوئے اٹھارہ سال بیت چکے تھے اور ہم خود بھی جلد ہی 'قید حیات و بند غم' سے آزادی حاصل کرنے والے تھے۔ پندرہ روز سے گھر میں نہ کوئی غلّہ تھا، نہ شکر اور نہ مٹی کا تیل۔ بقول شخصے خشک ہوا پر بسر ہو رہی تھی اور اس اندھیرے میں رات کا اندھیرا سونے پر سہاگے کا کام کر رہا تھا جس چیز پر بھی سرکاری کنٹرول تھا وہ دکانوں سے غائب اور ہم جیسے عام انسانوں کی دسترس سے باہر ہو چکی تھی اور اس کا علاج ہماری سمجھ میں صرف یہ آیا کہ اب ہم خود ہی کنٹرول کی دسترس سے باہر چلے جائیں۔

ہماری موٹی کھال پر کنٹرول کی بدولت بے نیازی اور بے غیرتی کی ایک دبیز تہہ جم چکی تھی۔ تنخواہ ملتی تو بیوی بچوں کو لے کر ہوٹل پہونچ جاتے اور جب آدھے مہینے سے قبل وہ قریب قریب پوری اُڑ جاتی اور صرف اُس کی دُم ہمارے ہاتھ میں پھڑ پھڑاتی رہ جاتی تو گھر ہی میں پرانے اخبار جلا کر آلو یا بینگن یا آلم غلم جو بھی ہاتھ آ جاتا اُبال کر کھاتے رہتے اور اس خیال سے خوش ہوتے کہ اپنے ملک کی غذائی عادتیں تبدیل کرنے میں اپنے نیتاؤں کے بھاشنوں کے بموجب اپنے ذاتی تجربوں

سے ہم بڑی دیش بھگتی کا ثبوت دے رہے ہیں۔ زمانے کی کج رفتاری دیکھتے ہوئے دور اندیشی کے تحت ہم نے گھر کی پرانی چپلیں اور جوتے بلکہ چیتھڑے تک پھینک دینے کے بجائے ایک طرف سمیٹ کر احتیاط سے رکھ دیئے تھے کہ سند رہیں اور وقت ضرورت کام داشتہ آید بکار ثابت ہوں۔

ایک روز آلو، پانی اور پرانے اخبار تو تھے کیونکہ اُن پر کنٹرول نہیں تھا لیکن دیا سلائی نہیں تھی کیونکہ وہ بیچاری چند ہی روز پیشتر کشتۂ کنٹرول ہو چکی تھی۔ اُس کو ڈگنے داموں پر خریدنے کے لئے ہم کو بھلجھڑی رام، پان فروش کی ایک گھنٹہ خوشامد کرنا پڑی تھی اور بالآخر اُس کا دل ہمارے اس وعدے پر پگھلا تھا کہ ہم اسی سال کے اندر سپلائی آفیسر کے بھتیجے کے خالو سے سفارش کر کے اُسے ایک بوری سیمنٹ کا پرمٹ دلوا دیں گے۔

جس طرح عشق کا تکون عاشق و معشوق کے ساتھ ہی ساتھ بغیر رقیب کے مکمل نہیں ہوتا اسی طرح شادی کے تکون کے لئے میاں اور بیوی کے علاوہ گیہوں کا ہونا لازمی ہے۔ مثال کے لیے دور کیوں جایئے بلکہ دور ہی چلے جایئے تو دیکھئے کہ بابا آدم اور اماں حوا کی روایتی داستان میں بھی شامت اعمال کی طرح گیہوں کا قضیہ موجود تھا۔ ہماری بیوی نے روز روز کی فاقہ مستی سے تنگ آ کر "ہائے گیہوں" اور "وائے گیہوں" کے ایسے دل شگاف نعرے لگانا شروع کر دیے کہ ہم کو اپنی پچیس سال کی ازدواجی زندگی کا تاج محل متزلزل نظر آنے لگا۔ دوستوں اور عزیزوں میں سے جن لوگوں سے سیر بھر، آدھ سیر یا پاؤ بھر غلہ کبھی اُدھار لے کر بعض اوقات پیٹ کی آگ بجھائی تھی، اُن کے تقاضے بے مروتی اور بداخلاقی کی حدود سے بڑھ کر نقص امن کا خطرہ بن گئے۔ ان حالات میں اپنے ضمیر کو جو یوں بھی بڑا موقع شناس اور سعادت مند واقع ہوا ہے بہلا پھسلا کر ہم نے لالہ موٹومل سے جو پہلے پنساری اور اب کنٹرول کے بعد سیٹھ کہلاتے، ان نہ مان میں تیرا

مہمان، کے مصداق زبردستی کی راہ و رسم بڑھائی۔ روز دفتر جانے سے پہلے اُن کی دکان پر پہونچ کر اُن سے بڑے ادب کے ساتھ ہاتھ جوڑ کر نمستے سیٹھ جی" کہتے اور وقت ہوتا تو چند منٹ کے لیے ان کے پاس بیٹھ کر اُن کی اوٹ پٹانگ باتوں میں اُن کی ہاں میں ہاں ملا دیتے۔ دفتر سے واپس آکر شام کو انھیں اکثر اخبار پڑھ کر سنانے لگے۔ کبھی اُن کا کوئی خط لکھ دیتے۔ چھٹی کے روز اُن کی بھینس کو مویشی اسپتال دکھلا آتے۔ نوکر نہیں ہوتا تو اُن کی چھوٹی بچیوں کو اسکول پہونچا آتے اور واپسی میں سبزی منڈی سے اُن کے لیے ترکاری بھی خرید لاتے۔ اس طرح جب بظاہر بیر رکھنے یا زبان کھولنے کی گنجائش پیدا ہوگئی تو ایک روز تنہائی میں موقع محل دیکھ کر ہم اُن کے سامنے زبان پر حرف مطلب لے ہی تو آئے۔

"سیٹھ جی کچھ گیہوں کی ضرورت ہے!"

"گیہوں!" موتو مل کچھ ایسا بوکھلائے اور ہمیں ایسی خشمگیں نظروں سے دیکھا جیسے ہم نے انھیں کوئی موٹی سی گالی دے دی ہو۔

اس ڈر سے کہ کہیں وہ ہتھے ہی پر سے نہ اُکھڑ جائیں ہمیں اپنے مطالبے کو بہت مختصر کرنا پڑا۔ "بس ایک بوری کی ضرورت ہے"

موتو مل بیٹھے سے لیٹ گئے۔ اپنی توند پر ہاتھ پھیرا۔ ایک بہت مہیب ڈکار لی اور پھر آنکھیں بند کر کے کچھ سوچنے لگے۔ کئی منٹ گذر گئے اور وہ بالکل ساکت پڑے رہے تو ہم سمجھے کہ شاید سو گئے یا مر گئے۔ ہم اُٹھنے ہی والے تھے کہ بول اُٹھے "صاحب گیہوں تو پیدا ہوتا ہے بس امریکا میں لیکن نہیں معلوم وہاں کے لوگ کس قدر اوندھی عقل کے ہیں کہ وہ اُس کو دوسرے دیشوں میں بھیج کر وہاں کے بھاؤ کا ستیا ناس مار دیتے ہیں۔"

مجھے منھ کھولنے کا موقع دئے ہوئے بغیر انھوں نے ایک دوسرا انکشاف کیا

• صاحب سنتے ہیں کہ اب روس بھی ہندوستان کو غلہ دینے پر تلا ہوا ہے. نہیں معلوم وہاں کے بیوپاریوں کی کیا مت ماری گئی ہے جو وہاں غلے کی یہ ریل پیل ہے اور وہ دوسرے دیشوں کے بیوپاریوں کی بھی بھاجی مار رہے ہیں۔ اب آپ ہی بتائیے اگر اپنے دیش میں دوسرے دیشوں کا اناج گھس پڑا تو پھر یہاں کے بیوپاری کیا کھائیں گے. اناج روپے کا دو سیر بکنے لگا تو کر چکے ہم لوگ سا روزگار!"

سیٹھ جی دو چار اُکھڑی اُکھڑی سانسیں لینے کے بعد کچھ اور کہنے والے تھے کہ میں بول اُٹھا "والد صاحب کا فاتحہ کرنا ہے. بھائی بندوں کے سامنے ناک خطرے میں پڑ گئی ہے۔ ایسی ہی سخت ضرورت نہ پڑتی تو میں آپ سے ہرگز نہ کہتا"

"صاحب کس کو ضرورت نہیں ہے؟" سیٹھ جی لیٹے سے اُٹھ بیٹھے "دیکھئے گیہوں تو ہے نہیں۔ لیکن خیر آپ کی بات دوسری ہے۔ آپ اپنے ہی آدمی ہیں" اور پھر وہ کھسک کے میرے قریب آ گئے اور بڑے رازدارانہ انداز میں دھیمی آواز سے کہنے لگے "ایک سو دس روپے بوری کے حساب سے مجھے کچھ ٹرک کانپور کے لیے لدوانا ہیں۔ چار بوریاں انسپکٹر صاحب کو بھی دینا ہیں رات میں دس بجے کے بعد آپ بھی آ جائیے گا۔ میں آپ کو سو روپے میں ایک بوری دے دوں گا لیکن پرماتما کے لیے یہ بات اپنے ہی تک رکھئے گا ــــــ اور جی ہاں ذرا منجھلی بھینس کو آج پھر مویشی اسپتال میں دکھلا دیجئے گا!"

بارہ بجے رات کے قریب جب ایک رکشے پر جس میں محلے والوں کی نظر بد سے بچانے کے لئے ہم نے ایک پردا بھی ڈال دیا تھا، ہم مونو لال کی دی ہوئی یاد گئے داموں پر خریدی ہوئی بوری لے کر اپنے مکان کے حاطے میں داخل ہوئے تو ہم ایسی فخر آمیز خوشی محسوس کر رہے تھے جو غالباً پرتھوی راج نے سنجوگتا کو اپنے محل میں بھگالانے پر بھی نہ کی ہوگی۔ اپنی بیوی سے جب ہم نے اپنے اور مونو لال کے تعلقات اور اُن کی دریا دلی بہت کچھ بڑھا چڑھا کر بیان کی تو اُس کی بھی باچھیں کھل گئیں کہ اُس کا بظاہر

حقیر کلرک شوہر، درحقیقت کس قدر با اثر اور بارسوخ واقع ہوا ہے۔ جب عام لوگ ایک ایک مٹھی گیہوں کو ترس رہے ہیں تو وہ اپنے غیر معمولی وسیلے سے ایک مشت ایک مُسلّم گیہوں کی بوری رات کے سناٹے میں گھر لا سکتا ہے۔

لیکن سویرے جو آنکھ کھلی .... لوگ گھوڑے بیچ کر سوتے ہیں اور ہم گیہوں خرید کر سوئے تھے لہٰذا ذرا اور بھی دیر سے جاگے، تو گھر میں ایک ہنگامہ برپا تھا۔ بیوی نے منھ اندھیرے بوری کھول ڈالی تھی۔ اُس کی فہرست برآمدگی کچھ اس قسم کی تھی

خالص مٹی۔ کوڑا اور بھوسا	۲۵ سیر
چنا۔ مٹر اور جو	۲۵ سیر
ربر کے جوتے کا تلا	ایک عدد
گھُن لگا ہوا بدبودار گیہوں	۴۵ سیر

بیوی ایک بھری ہوئی توپ کی طرح بیٹھی تھیں۔ اُن کا غصہ اس وجہ سے اور بھی تلخ اور ترش تھا کہ اس بوری کی قیمت فراہم کرنے میں اُن کو اپنے کانوں کے طلائی بُندوں سے ہاتھ دھونا پڑا تھا۔ جیسے ہی بوری کی تفصیلات بتلانے کے بعد اُن کی حلق میں زلزلہ خیز گھر گھراہٹ پیدا ہوئی، ہم بھاگے اُن کے سامنے سے اور سیدھے موٹومل کی دکان پر پہونچے۔

موٹومل اپنی دکان کے سامنے تخت پر بنیائن اور دھوتی میں بیٹھے اپنے سامنے کھڑے اپنی ہی وضع اور قطع کے اپنے سے بھی زیادہ موٹے آدمی سے ہنس ہنس کر۔ کچھ راز و نیاز کی باتیں کر رہے تھے جن میں الفاظ کم اور اشارے زیادہ تھے۔ ہمیں صبر کی تاب نہ تھی لہٰذا جملہ معترضہ کی طرح گھُس ہی تو پڑے اُن کی گفتگو میں۔

"سیٹھ جی! آپ کی بوری میں سے پچیس سیر مٹی اور کوڑا نکلا"

موٹومل بے اختیار ہنسنے لگے "صاحب! گیہوں مٹی ہی سے نکلتا ہے آسمان سے

نہیں برستا اور نہ ہمارے منتریوں کے بھاشنوں سے پیدا ہوتا ہے"۔

موٹومل کا دوست بولا "گیہوں مٹی سے نکلتا ہے اور گیہوں سے بھی مٹی ہی بنتی ہے دونوں کا چولی دامن کا ساتھ ہے"۔

"اور بوری میں جو۔ چنا اور مٹر پچیس سیر نکلا ہے!"

موٹومل نے ہمیں کچھ ایسی نظروں سے دیکھا جیسے انھیں ہمارے پاگل پن پر ترس آرہا ہو "صاحب یہ جو چنا اور مٹر آپ کے دیش ہندوستان میں پیدا ہوتا ہے یا نہیں اور قومی ایکتا کی بات شاید آپ کے کان میں بھی کبھی پڑی ہو۔ قومی ایکتا کا پہلا سدھانت یہی ہے کہ سب چیزوں کو ایک میں ملا دیا جائے۔ نہیں معلوم لوگ ملاوٹ کا رونا کیوں روتے ہیں۔ میں کہتا ہوں ملاوٹ کے بغیر قومی ایکتا ہو ہی نہیں سکتی"۔

"بالکل نہیں ہو سکتی" موٹومل کا دوست بولا۔

"بوری میں ربر کے جوتے کا ایک تلا بھی نکلا ہے" ہم نے گلوگیر آواز میں کہا۔

"مٹھی بھر گیہوں سے ربر کا تلا بہر حال قیمتی ہے" موٹومل کا دوست بولا۔

اس کی بات کاٹ کر موٹومل نے کہا "صاحب! خدا آپ کا حال معلوم ہوا۔ ہمارے اور آپ کے درمیان آئندہ کوئی لین دین نہیں ہو سکتا! اور جی ہاں جو بوری آپ لے گئے ہیں اس کے سمبندھ میں دو روپے پچاس پیسے آپ پر بوری کے دام باقی ہیں۔ ربر کے تلے کے دام میں آپ کو چھوڑے دے رہا ہوں"۔

ڈھائی من کی بوری سے جو مشکل سے پینتالیس سیر گیہوں نکلا ہے وہ بھی گھن لگا ہوا اور انتہائی بدبودار ہے"! ہم نے جھلا کر کہا۔

"صاحب! گیہوں کے ساتھ گھن بھی پستا ہے۔ آپ گیہوں یوں ہی استعمال کرتے ہیں یا آٹا پسوا کر؟ چکی پر آپ کسی طرح کا گیہوں بھیجئے وہاں قومی ایکتا کے بعد آپ کو ایک ہی قسم کا آٹا ملتا ہے۔ پھر ایسی جلی کٹی باتوں سے فائدہ کہ گیہوں میں گھن لگا ہوا ہے

اور اُس میں سے خوشبو کیوں نہیں آتی ہے گیہوں عطر تو ہو نہیں سکتا؟"

"آپ کا جی چاہے تو آپ گیہوں کی روٹی پر گھی کے بجائے عطر چھڑک لیا کیجئے" موٹو مل کے دوست نے لقمہ دیا۔

یہ باتیں سُن کر ہماری سمجھ میں ربر کے تلّے کی ترکیب استعمال تو اچھی طرح آ گئی لیکن کر ہی کیا سکتے تھے حکام کا رزق بھی موٹو مل اور اُن کے دوست قسم کے لوگوں کے ہاتھوں میں اُترا تھا اور وہ اُن کا پانی بھرتے۔ ہمارے جیسے غریب کلرک کی فریاد کو کون سنتا۔ اپنا ہی خون پی کر خاموشی سے گھر لوٹ آئے اور کورٹ مارشل کئے جانے کے لئے بیوی کے حضور میں پیش ہو گئے۔

کچھ ہی دنوں میں جب موٹو مل کی دی ہوئی اوری کی تفصیلات علاوہ ربر کے تلّے کے، قریب قریب زہر مار ہو چکیں تو پھر گیہوں کی تلاش شروع ہوئی۔ اسی زمانے میں اتفاق سے ہمیں اپنے دفتر کی جانب سے ایک راشن کارڈ مل گیا۔ بڑی خوشی ہوئی اور خصوصاً اس خیال سے کہ گیہوں کھانے کی جو سرکاری اجازت ہمارے جد امجد حضرت آدم کو جنت میں نہ مل سکی تھی وہ ہم کو اس زندگی کے جہنم میں گھر بیٹھے مل گئی تھی۔ لیکن اب مرحلہ تھا بِتّی کی گردن میں گھنٹی باندھنے کا یعنی راشن کی دکان پر جانے اور غلّہ لانے کا۔

دفتر جاتے ہوئے اکثر راشن کی دکان پر جو بے قابو ہجوم، غُل غپاڑا، دھینگا مُشتی، گالی گلوج، کھینچ تان بلکہ دھر پٹخ دیکھ چکا تھا وہ بڑی ہمت شکن تھی اور وہاں تک جانے کے خیال ہی سے دل ڈوبنے سا لگتا ہے۔ راشن کی جد و جہد میں اپنے محلّے کے ہیکڑ خان کی ملیشیا کی نئی قمیص تار تار ہو گئی تھی۔ راجو مسرانی کا کارڈ کسی لفنگے نے بیچ مجمع میں اچک لیا تھا۔ بھونڈو میاں اپنی جیب کٹا کر اور نہ صرف راشن کے دام بلکہ ایک دوست کی امانت بھی لُٹا کر واپس آئے تھے۔ بیڈھب رام مونچھوں پر تاؤ دیتے اپنے پیروں سے گئے تھے لیکن چاقو بازی کے بعد خون میں نہائے ہوئے چارپائی پر لد کر واپس آئے تھے۔

جھگڑالو شاہ کی مُنڈی ہوئی کھوپڑی پر کسی منچلے نے وہ بھرپور ٹیپ جھاڑ دی تھی کہ آج تک شاہ صاحب جب اپنا سر سہلاتے ہیں تو مارنے والے کے ہاتھ کی صفائی کی داد چند مخصوص گالیوں سے دیتے ہیں۔ رحیمن بوا راشن لینے کے بعد اپنا بٹوا کھول کر ٹھیک سے تما کو بھی نہیں بھانکنے پائی تھیں کہ ان کے غلے کی پوٹلی جو بیچاری کی نئی چادر میں بندھی ہوئی تھی کوئی اُٹھائی گیرا لے کر ایسا چمپت ہوا کہ اب بھی جب وہ بلک بلک کر اُس کی سات پشتوں کو کوستی ہیں تو دنیا اندھیر معلوم ہونے لگتی ہے۔ غرض کہ راشن کی دوکان پر جانا شرافت کو سلام، اپنے آپ کو بدنام اور زندگی کو سلام کرنا تھا۔ فرہاد سے اگر جوئے شیر کے بجائے راشن لانے کو کہا جاتا تو غالباً وہ زندگی بھر شیریں کا کیا اس کی والدہ تک کا نام زباں پر نہ لاتا اور بجائے تیشے سے اپنا سر پھوڑنے کے یونیورسٹی کا کوئی ہونہار طالب علم ثابت ہوتا۔

جہاں تک ہو سکا ٹالتے اور جان بچاتے رہے اور راشن کی دکان تک جانے سے کتراتے رہے لیکن آخر کب تک؟ بیوی اور بھوک فرائڈ اور مارکس، ایسے بے ڈھب اشتراک کے مقابلے میں مرتا نہ کرتا کیا والا مضمون تھا۔ چنانچہ ایک سنہری صبح کو گھامڑ داس اپنے ہمسایہ اور جگری دوست کے ساتھ بنا کر فقیروں کا ہم بھیس غالبؔ کی طرح ہم اپنے سب سے پرانے اور گئے گذرے کپڑے پہن کر راشن کارڈ اور روپوں سے مسلح، ہاتھ میں جھولا ہلاتے ہوئے تماشائے اہل کرم دیکھنے راشن کی دکان کی طرف چل ہی تو پڑے۔ ہماری روانگی کے وقت ہم دونوں کی بیویاں دروازوں کی آڑ سے ہم کو اس فخر اور خوشی کے ساتھ دیکھ رہی تھیں جیسے ہم دو سورما اپنے ملک اور قوم کے لیے میدان جنگ کو سدھار رہے ہوں لیکن سچ پوچھیے تو ہم دونوں کی مثال دو بد ذوق اور بھگوڑے لڑکوں کی تھی جو زبردستی اسکول بھیجے جا رہے تھے۔

راشن کی دکان پر پہونچے تو وہاں ایک در کی چھوٹی سی دکان کے سامنے

قریب پانچ سو آدمیوں کا ایک مشتعل لیکن منجمد ہجوم پایا۔ مشتعل یوں کہ ایک ہی وقت میں سب آدمی ہاتھ ہلا ہلا کر اور گلا پھاڑ پھاڑ کر اپنی مختلف بولیاں بول رہے تھے اور منجمد یوں کہ یہ مجمع کسی طرف گھٹ بڑھ نہیں رہا تھا بلکہ کچھ ایسا پتا چلتا کہ بڑی تندہی اور یک جہتی سے وہ اس لمبی عمارت کو جس میں راشن کی دوکان تھی پیچھے ڈھکیل رہا ہے۔

گھامڑ داس چھوٹے ڈیل ڈول اور منڈے سر کے گول مٹول انسان تھے۔ نہ صرف اپنی قدرتی جسامت بلکہ پیہم مشق سے حاصل کی ہوئی مہارت کے باعث بڑے سے بڑے مجمع میں بے ساختہ گھس جانا اُن کے بائیں ہاتھ کا کھیل تھا لیکن اس وقت جو مجمع اُن کے سامنے تھا اُس کو دیکھ کر غالباً وہ بھی کچھ ہراساں ہو گئے تھے۔ وہ بے تحاشا بیڑی پر بیڑی پیتے چلے جاتے اور منھ سے کچھ نہیں بول رہے تھے کئی دفعہ وہ مجمع کے گرد گھومے جیسے کوئی چور چوری کرنے سے پہلے ایرا پھیری کر رہا ہو۔ اور پھر یکبارگی کسی ماہر غوطہ خور کی طرح وہ ایک سمت سے مجمع میں گھس ہی تو پڑے۔ لیکن تھوڑی ہی دیر میں مجمع نے انھیں باہر اُگل پھینکا اور وہ اپنے غروب ہونے کے مقام سے کچھ فاصلے پر اپنی گدّی سہلاتے نظر آئے۔

اب گھامڑ داس کو بھی جوش آگیا تھا اور انھوں نے اپنا جسم سکوڑا اور سر جھکا کر کسی مینڈھے کی طرح مجمع پر مختلف سمتوں سے تابڑ توڑ حملے کرنا شروع کر دیے لیکن جس تیزی سے مجمع انھیں نگلتا اس سے زیادہ تیزی سے پھر باہر اُگل دیتا۔ ہم خاموش تماشائی بنے یہ آواگون یا اِدھر ڈوبے اُدھر نکلے کی ستم ظریفیاں تعجب اور دلچسپی سے دیکھ رہے تھے۔ آخری دفعہ ہمارا ہاتھ پکڑ کر گھسیٹتے ہوئے گھامڑ داس نے نہ صرف مجمع پر حملہ کیا بلکہ ساتھ میں یہ شور بھی مچانا شروع کیا "پولس آگئی" "پولس آگئی" لوگ بھونچکے ہو کر پیچھے مڑ مڑ کر دیکھنے لگے اور اس طریقے سے ہم لوگ اپنی چرمراتی پسلیوں پر کہنیاں کھاتے اور دبتے پستے مجمع کی چار پانچ قطاریں پار کر جانے میں کامیاب ہو گئے اور اگرچہ معاملہ لب بام

تو خیر نہیں مگر قریب شام ضرور ہو گیا تھا یعنی اگر اسی رفتار سے ہم لوگ بڑھتے رہتے تو امید تھی کہ شام تک راشن کی دکان تک غالباً پہو نچ ہی جاتے مگر اسی وقت ہم پر ایک اور آفت ناگہانی ٹوٹ پڑی یعنی ہمارا ایک چپل اور گھامڑ داس کی دھوتی داغ مفارقت دے گئی۔

گھامڑ داس اپنی دھوتی سنبھالنے کی کوشش کرتے ہوئے اسی میں اُلجھ کر گر پڑے وہ تو کہئے کہ مجمع کے دو پہلوانوں نے بڑی عنایت کی جو کسی سڑے ہوئے تربوز کی طرح انھیں باہر اُٹھا کر پھینک دیا ، ورنہ وہ یقیناً بینگن کا بھرتہ بن کر رہ جاتے۔ بڑی مشکل سے ہم بلبلاتے کلکلاتے اور دہائی دیتے باہر نکلے تو دیکھا کہ گھامڑ داس ننگے بدن اپنے کرتے کو لنگوٹ بنائے اور خود 'ٹارزن' کا پاکٹ ایڈیشن بنے ہمارے منتظر کھڑے ہیں کہنے لگے "بس ایک اور ہو جائے۔ میں نے ایک بالکل نئی ترکیب سوچی ہے۔ یہ نیم کا درخت دیکھ رہے ہو میں اس پر چڑھا جا رہا ہوں اس کی شاخیں دکان سے صرف چند قدم کے فاصلے پر ختم ہوتی ہیں۔ بس وہیں میں کود پڑوں گا اور پرماتما نے چاہا تو چٹکی بجاتے راشن لئے آتا ہوں!!"

ہم نے انھیں اُن کے اس نامعقول ارادے سے باز رکھنے کے لئے اُن کی بڑی منت و سماجت کی لیکن وہ ایک نہ مانے اور بالآخر انھیں اُن کے حال پر چھوڑ کر ہم تنہا گھر آنے پر مجبور ہو گئے۔ دوسرے روز ہم انھیں دیکھنے اسپتال پہونچے جہاں ان کی چارپائی اور جس شخص کی پیٹھ پر وہ کودے تھے پاس پاس پڑی ہوئی تھیں تو پتا چلا کہ راشن کے لئے جس دکان پر ہم لوگ دھاوا بول رہے تھے، ہمارے کارڈ وہاں کے نہیں تھے۔ بیچارے گھامڑ داس نے چوٹ تو کھائی تھی لیکن ایک قاعدے کی بات دریافت بھی کر لائے تھے۔

تین روز بعد جب گھامڑ داس بالکل ٹھیک ہو چکے تو ہم دونوں ایک نئے عزم

اور ریلوے کے ساتھ راشن کی دوسری دکان پر پہونچے۔ یہاں کے حالات کچھ قاعدے کے نظر آئے۔ دکان کے سامنے باقاعدہ قطار لگی ہوئی تھی۔ البتہ یہ قطار شب فراق سے زیادہ طویل اور زلف چلیپا سے زیادہ پیچیدہ تھا۔ دکان کے پاس ہی بیرا ڈائز سنیما کے ٹکٹ کی کھڑکی تھی اور اُس کی قطار کی دُم بھی بہت دور تک پھیلی ہوئی اور بڑے ایر پھیر سے تھی۔ دونوں ہجوموں کو دیکھ کر یہ اندازہ لگانا مشکل تھا کہ زیادہ لوگ گیہوں کھانا چاہتے ہیں یا سنیما دیکھنا۔ ہم دونوں کچھ دیر تو اِدھر اُدھر سر گشتی کرتے رہے لیکن جب ایک قطار سے ایک آدمی کسی ضرورت سے ہٹا تو گھامڑ داس نے بلا تکلف اُس کی جگہ ہمیں فٹ کر دیا۔ تنیچھے کے آدمی نے اعتراض کیا تو انھوں نے اُس کو ایک بیڑی کی رشوت دیتے ہوئے یہ کہہ کر خاموش کر دیا: "یہ اُن کے بھتیجے ہیں" کچھ دیر بعد نہیں معلوم کیسے قطار میں اس جگہ جہاں گھامڑ داس کھڑے کسی قطار والے سے باتیں کر رہے تھے کچھ ہنگامہ ہو گیا اور تھوڑی دیر کے لئے اس کا ایک حصہ بکھر سا گیا۔ دو کانسٹبل ڈنڈے لئے دوڑ کر آئے اور انھوں نے پھر سے قطار بنوا دی۔ اب قطار میں گھامڑ داس بھی ہمارے آگے باقاعدہ فٹ ہو چکے تھے۔

وقت گذرتا گیا اور قطار آگے رینگتی رہی۔ رینگتی رہی۔ رینگتی رہی طبیعت اوبھ گئی سر چکرانے لگا۔ آنکھوں کے سامنے تارے ناچنے لگے ——————

—————— اور ہوش و حواس بالکل ہی جواب دے گئے۔ دفعتاً گھامڑ داس نے ہمارے ہاتھ سے ہمارا راشن کارڈ چھین لیا اور ایک نعرۂ مستانہ کے ساتھ سامنے کھڑکی میں اپنے اور ہمارے راشن کارڈوں اور کچھ نوٹوں کے ساتھ اپنا ہاتھ گھسیڑ دیا۔ چند سکنڈ بعد اُن کے ہاتھ میں سنیما کے دو کنسیشن ٹکٹ تھے۔ غالباً ہمارے راشن کارڈوں کو طلبا کے شناختی کے کارڈ سمجھے گئے تھے اور اس کے فوراً ہی بعد قبل اس کے کہ ہم کچھ پوچھ سکیں کھڑکی بند کر دی گئی۔ ہاؤس فل ہو چکا تھا۔ یا خدا وندا یہ کیا ہوا؟ گیہوں کے

بجائے سینما۔ گیہوں کھانے کے بعد جنت سے نکالے جانے کی بات تو صرف سنی تھی لیکن گیہوں کھانے سے قبل جنت میں بھیجے جانے کی واردات خود اپنی آنکھوں سے دیکھ رہے تھے۔ بعد میں پتہ چلا کہ قطاروں کے خلط ملط میں کسی سنگم پر ہم لوگ راشن کے بجائے سینما کی قطار میں پہونچ گئے تھے۔

دن بھر دھوپ میں بھوکے کھڑے رہنے اور پھر تین گھنٹے جبریہ سینما دیکھنے کے بعد ہم لوگ سینما ہال سے چوندھیائے ہوئے لڑکھڑاتے نکلے تو ہماری بیویاں جو ہمیں تلاش کرنے راشن کی دکان پر آئیں تھیں، ہمیں مل گئیں۔ پھر کیا ہوا؟ کاش زمین پھٹ جاتی یا آسمان گر پڑتا یا کم سے کم راشن دینے والے کا جو نہیں معلوم کتنی دیر پہلے دکان بند کر چکا تھا دل پسیج جاتا اور اس کی دکان کھل جاتی۔

گھامڑ داس نے گھر جانے سے قطعاً انکار کر دیا اور عین راشن کی دوکان کے برآمدے میں بیہوش ہو کر یا نیند کے غلبے سے گر پڑے۔ رات بھر ان کی تیمار داری ہوتی رہی اور وہ مزے سے خراٹے لیتے رہے۔ منھ اندھیرے جب وہ تازہ دم ہو کر اُٹھے تو انھوں نے بڑے زور شور سے دکان کی کنڈی کھٹکانا اور شور و غوغا مچانا شروع کر دیا۔ راشن کی دکان کا مالک جو دکان ہی کی اوپری منزل میں رہتا اُس نے پہلے تو کھڑکی سے سر نکال کر بہت بُرا بھلا کہا اور بڑے غرّے ڈبّے دکھائے لیکن جب گھامڑ داس نے برآمدے سے باہر نکل کر لکچر دینا شروع کیا اور تھوڑی ہی دیر میں کافی مجمع اکٹھا ہو گیا تو بالآخر بالا اُن کی گھامڑیت ہی کے ہاتھوں رہا۔ مالک دکان نے نیچے آکر ہم لوگوں کا راشن تول دیا۔ ہنسی خوشی ہم سب گھر لوٹ آئے لیکن جب راشن کی پوٹلی کھولی تو پتہ چلا کہ راشن والا قومی ایکتا کے معاملے میں موتو لال کا بھی چچا تھا۔ ع تجارت بے ملاوٹ حلوہ پیدا کر نہیں سکتی۔

آئندہ کب اور کیسے راشن آئے گا اس خیال ہی سے ہاتھ پاؤں میں لرزہ اور

دل میں زلزلہ واقع ہو جاتا ہے۔ راشن نہیں آئے گا تو کیا ہوگا؟ سوچتے ہیں تو کچھ ایسا معلوم ہوتا ہے جیسے ہم جنت کی جانب پرواز کر رہے ہوں۔ سُنا تھا کہ گیہوں کھانے کے جرم میں جنت سے نکالے گئے تھے اب دیکھ یہ رہے ہیں کہ گیہوں نہ کھانے کی علت میں پھر جنت واپس جانا پڑے گا۔ عجب تماشا ہے۔ ؎

یہاں ملنے پہ پابندی، وہاں چکھنے پہ پابندی
ہے گیہوں کھانے والوں کی نہ یہ دنیا نہ وہ دنیا

وبال جان

کسی بھی ہنر اور حماقت کے درمیان فاصلہ ذرا کم ہی ہوتا ہے۔ باتیں سب ہی کرتے ہیں لیکن کوئی تو اپنی گفتگو سے شہد کی شیرینی، پھول کی مہک، قوس قزح کی رنگینی اور شراب کا سُرور روح میں گھول دیتا ہے اور کوئی اپنی گفتگو سے نیم کی تلخی، کانٹے کی چبھن، آگ کی جلن اور زہر کی تمیت رگ و پے میں دوڑا دیتا ہے۔ حضرت غالب نے اپنے ایک خوش سلیقہ معشوق کی گل افشانی گفتار کی یوں تعریف کی ہے ؎

دیکھنا تقریر کی لذت کہ جو اس نے کہا
میں نے یہ جانا کہ گویا یہ بھی میرے دل میں ہے

اور ایک بدسلیقہ معشوق کی بک بک جھک جھک سے تنگ آکر یوں فریاد کی ہے

وہ کہیں اور سُنا کرے کوئی
بلت پر واں زبان کٹتی ہے

اور ان کا ایک معشوق تو اس قدر جھگڑالو اور بے لگام واقع ہوا تھا کہ اس نے اپنے لیے ایک عجیب صورت حال پیدا کر لی تھی

لو وہ برہم زن ہنگامہ محفل آ گئے
آئیں جس بزم میں وہ لوگ پکار اُٹھتے ہیں

ایک بوسیدہ مقولہ ہے "آپ جو کچھ کہنا چاہتے ہیں وہ تو آپ کو معلوم ہی ہے لہٰذا خود بولنے کے بجائے آپ دوسروں کی باتیں سننے کی زیادہ کوشش کیجیے۔ اس سے آپ کی معلومات میں

اضافہ ہوگا۔ لیکن سوال یہ ہے کہ کیا لوگ عموماً معلومات بہم پہنچانے کے لیے بولتے ہیں ہم نے تو زیادہ تر لوگوں کو اپنی پگڑی اونچی کرنے اور دوسروں کی پگڑی اچھالنے کے لیے بولتے سنا ہے اور ان کی گفتگو انتہائی توجہ سے سننے کے بعد ہمارے حصے میں اگر کچھ آیا ہے تو بے زاری اور تضیع اوقات۔ بہرحال اخلاق کے دامن کو بھی ہاتھ سے نہیں چھوڑا جاسکتا اور جان بوجھ کر کسی کی دل آزاری کرنا محض گناہ نہیں بلکہ کفر ہے۔ لہٰذا کسی بدمزہ بات کرنے والے یعنی سمع خراش یا بور کے سامنے کانوں میں انگلیاں تو دی جاسکتیں مجبوراً درمیانی صورت صرف ایک رہ جاتی ہے اور وہ یہ کہ ہم کسی بدتمیزی کے مرتکب ہوئے بغیر اس قسم کے لوگوں سے بھاگتے اور کنّی کاٹتے ہیں اور حتی الوسع اُن کے پاس نہیں پھٹکتے لیکن بعض اوقات ہمارا یہ گریز اور پرہیز بڑا عبرت انگیز ثابت ہوتا ہے۔ کوئی بور صاحب ہمیں گھر پر یا ریل کے ڈبے میں یا کسی محفل میں گھیر پاتے ہیں تو نیا شکار سمجھ کر سب دنوں کی کسر صرف گھنٹے دو گھنٹے میں نکالنے کی کوشش کرنے لگتے ہیں اور اس وقت ہم کچھ اس شعر کی تفسیر بن کر رہ جاتے ہیں ؎

بھاگتے تھے ہم بہت سو اُسی کی سزا ہے یہ ہو کر اسیر دابتے ہیں راہ زن کے پاؤں

محققین نے بوروں کے موٹے موٹے اقسام پانچ سو بہتر دریافت کیے ہیں۔ بور حضرات کے کچھ نہیں تو اس سے دوگنے ضرور ہوں گے۔ یوں تو ہر بور کی اپنی ایک علیحدہ انفرادی ٹکنیک ہوتی ہے۔ لیکن ہم نے اپنے کرم فرما بور صاحبان کو چند موٹے موٹے اقسام میں بانٹ کر ان کے کچھ نام رکھ چھوڑے ہیں۔ ان کے ناگہانی حملے سے بچنے کے لئے ہمیں خود اس سے کوئی فائدہ پہنچا نہیں ہے بلکہ اس احساس سے کہ اس وقت ہمیں فلاں قسم یا فلاں نمبر کا بور کاٹ رہا ہے ہماری بے لطفی میں کچھ اضافہ ہی ہو جاتا۔ لیکن ایک بور صاحب کا کہنا ہے کہ انھوں نے اس سے بہت کچھ سیکھا ہے لہٰذا شبہ کا فائدہ ملزم کو دیتے ہوئے و نیز مفاد عامہ کی غرض سے ہم بھی مناسب سمجھتے ہیں کہ اس ضمن میں اپنی نشان دہی کا کچھ جزو ناظرین کے سامنے بھی پیش کر دیں۔

نقارہ

اس قسم کا بور صرف اپنے متعلق گفتگو کرتا ہے۔ یہ ہر ملک، ہر آبادی بلکہ ہر گھر میں بکثرت پایا جاتا ہے۔ اس کی رائے میں دنیا کے اسٹیج کا مرکزی کردار یہ اور صرف یہ ہے اور دنیا کی آئندہ تاریخ صرف اس کے کارناموں اور فتوحات سے مرتب کی جانے والی ہے۔ یہ اپنی روز مرہ زندگی کے سیدھے اور سپاٹ واقعات بھی اس قدر تفصیل سے اور ایسے مزے لے لے کر بیان کرتا ہے جیسے اگر یہ واقعات سننے والوں کے کانوں تک نہ پہونچتے تو ان کے زندہ رہنے کا مقصد ہی فوت ہو جاتا۔ یہ نقار خانہ میں طوطی نہیں بلکہ طوطی خانے میں نقارہ ہوتا ہے۔ ہر موقع اور محل کے لیے اُسے اپنی شجاعت، فیاضی، دانشمندی اور حاضر جوابی وغیرہ کے بے شمار قصے یاد ہوتے ہیں۔ اس کے بیان کردہ ہر واقعے اور ہر معاملے میں پالا اس کے ہاتھ رہتا ہے۔ یہ اپنے مکالمے خصوصیت کے ساتھ بڑے جوش و خروش سے یوں بیان کرتا ہے۔ "پھر میں نے یہ کہا" "پھر میں نے یہ کہا" اور "پھر میں نے یہ کہا" مکالمے کے سب بے پھیکے ہوئے جملے اس کے قول کے بموجب اسی کے منہ سے نکلتے ہیں اور ٹیپ کا بند "جملہ حقوق محفوظ" کے طور پر ہمیشہ اسی کا ہوتا ہے۔ ہر بڑا یا قابل ذکر آدمی اس کا رشتہ دار، شاگرد، نیاز مند اور دوست ہوتا ہے۔ اس کے تجربے بے شمار اور اس کی معلومات سدا بہار ہوتی ہیں۔ یہ ہر فن مولا ہوتا ہے اور ہر کسی کو ہر معاملے میں مشورہ دینا اپنا پیدائشی حق سمجھتا ہے۔ یوں تو ہر شخص اپنے متعلق گفتگو کرنے پر مجبور ہوتا ہے لیکن بور کی لن ترانی کا سلسلۂ گفتگو لامتناہی اور بیشتر جزئیات اور غیر ضروری باتوں سے لبریز ہوتا ہے۔ اگر کبھی اسے اپنے سننے والوں پر رحم بھی آ جاتا ہے تو یہ منہ کا مزا بدلنے کے لیے "سلطانم" کے بجائے "پدرم سلطان بود" پر اتر آتا ہے یعنی اپنے باپ اور دادا کے فضائل اور مناقب بیان کرنا شروع کر دیتا ہے بہرحال اس کی بات گھوم پھر کر رہتی گھر ہی میں ہے۔

چھچھوندر

بور کی یہ قسم نیم خود زیادہ پڑھے لکھے لوگوں میں زیادہ پائی جاتی ہے۔ اس کا اپنا کوئی مخصوص پسندیدہ موضوع ہوتا ہے مثلاً کوئی شاعر، شکار، تربوز، بلڈ پریشر، گرانی عریانی وغیرہ وغیرہ۔ آپ دنیا کے کسی موضوع پر گفتگو کر رہے ہوں یہ کسی نہ کسی بہانے کسی موڑ یا نابدان سے چھچھوندر کی طرح اس میں اپنے موضوع کے ساتھ گھس ضرور پڑے گا۔ اور پھر گفتگو کے سرے کو مضبوطی سے اپنے ہاتھوں میں لے کر اور سامعین کو سکتے کے عالم میں چھوڑ کر اپنی چرب زبانی سے اپنے موضوع کے متعلق ایک نیا آسمان اور زمین پیدا کر دے گا۔ اسے اس سے بحث نہیں ہوتی کہ اس کے موضوع سے سننے والے کو کوئی دلچسپی ہے بھی یا نہیں۔ بلکہ نہ ہو تو اس کے لئے اور زیادہ بہتر ہوتا ہے کیونکہ اس طور سے اُسے اپنے موضوع کو اور زیادہ وضاحت اور تفصیل سے بیان کرنے اور اپنی ہمہ دانی کا جوہر دکھانے کا حیلۂ شرعی بھی ہاتھ آجاتا ہے۔ مثلاً ایک دفعہ کلب میں تیسرے پنج سالہ منصوبے پر تبادلۂ خیال ہو رہا تھا۔ ایک کرکٹ کے شیدائی بور نے کئی دفعہ مختلف چور دروازوں سے اس میں داخل ہونے کی کوشش کی لیکن چونکہ موضوع سے بالکل ہی نابلد تھا لہٰذا شروع میں اُسے خاطر خواہ کامیابی نہیں ہوئی۔ اتفاق سے کسی کے منہ سے نکلا "تیسرے منصوبے کے اختتام تک ملک میں سستی موٹریں بننے لگیں گی" بور کے لئے یہ بہانا بہت کافی تھا اور وہ آنکھیں بند کر کے سر کے بل کود ہی تو پڑا گفتگو کے اندر "اجی موٹریں؟ آج کل کی موٹریں تو بس کھلونا ہوتی ہیں۔ ابھی پرسوں ہی کے اخبار میں دیکھیے ویسٹ انڈیز کے دو کرکٹ کے کھلاڑی موٹر کے حادثے کا شکار ہو گئے۔ خیر ان کھلاڑیوں سے ویسٹ انڈیز کی ٹیم کو نقصان تو پہنچا لیکن وہ اب بھی دنیا کی بہترین ٹیم ہے اور آپ دیکھیں گے کہ آئندہ ٹسٹ میچوں میں وہ آسٹریلیا کی ٹیم کے پرخچے اڑائے بغیر نہ رہے گی۔ پچھلی دفعہ دوسرے ٹسٹ میچ میں جب ڈلمل نے نیا گیند مانگا ......" اور پھر جو کرکٹ کے متعلق ان کی چرخی چلی ہے تو کھلاڑیوں

کے حسب و نسب، کھیل کے میدانوں کا جغرافیہ اور موسمی حالات، ایمپائروں کی بدعنوانیاں کھیل دیکھنے والوں کی عادات و خصائل اور خود کھیل کے تاریخی ارتقا اس کے بے شمار نکات اور رازہائے سربستہ پر انھوں نے دریا کیا سمندر بہا کر رکھ دیئے اور پھر جب گیارہ بجے رات میں کلب بند ہوا تو اس وقت وہ سابرس کی ایک عظیم الشان اننگس کی صرف پہلی باؤنڈری کا تذکرہ کر پائے تھے۔

کلب تمام ہوا اور اننگس باقی ہے — سفینہ چاہیے اس بحرِ بیکراں کے لیے

سارنگی

اس قسم کا بورا پنے آپ کو اپنی شخصیت یا کسی خاص موضوع میں محدود نہیں کرتا۔ اُسے حلق کی خارشت یعنی بولنے کا مرض ہوتا ہے اور دنیا بھر میں اُسے صرف اپنی آواز سہانی معلوم ہوتی ہے (ع وہ کہیں اور سنا کرے کوئی) اُسے اپنے سامنے کسی دوسرے کا منہ کھولنا سخت ناگوار اور توہین آمیز معلوم ہوتا ہے بلکہ اگر اسے خود اپنی آواز سننے سے محرومی کا خوف نہ ہوتا تو غالباً دوسروں کی آواز کی بھنک تک نہ پڑنے کی تمنا میں وہ اپنے کان کٹوانے میں بھی مضائقہ نہ سمجھتا۔ اسے کوئی فکر نہیں ہوتی کہ وہ کس موضوع پر کیا بول رہا ہے؟ اس کے لیے محض بولنا کافی ہے۔ دنیا کے ہر مسئلہ پر یہ اپنا ایک مخصوص زاویۂ نگاہ رکھتا ہے اور اس کا اظہار صحت نامہ کے لیے اشد ضروری سمجھتا ہے۔ بنگین کی افادیت اور ٹمبکٹو کے جانوروں سے لے کر ایٹم بم کے اجزائے ترکیبی تک پر یہ بے تکان اور بے لگام بول سکتا ہے۔ کوئی محفل، کوئی موسم، کوئی موضوع ہو بس اُسے ایک دفعہ دخل در معقولات کا موقع مل جانا چاہیے اس کے بعد اس کی زبان قینچی جیسی نہیں بلکہ درزی کی مشین جیسی چلنا شروع ہو جاتی ہے۔ اس کی سارنگی دوسرے سازوں یا نغمے سے ہم آہنگی کی قائل نہیں اور اپنے بے پناہ استقلال کی بدولت اس کی چیں چیں کے سامنے بڑے بڑے پُرخروش بینڈ والے کے زیر و بم بھی دب کر رہ جاتے ہیں۔ یہ اپنی لن ترانی کی آندھی میں کچھ ایسا اُڑا چلا جاتا

کہ اُسے اپنے قابلِ رحم سامعین کی حالتِ زار کی خبر ہی نہیں ہو پاتی اور جب تک کسی سانحے سے محفل درہم برہم نہ ہو جائے اس کا سلسلۂ گفتگو ختم ہونے کو ہی نہیں آتا۔ یہ ۔۔۔

بک رہا ہوں جنوں میں کیا کیا کچھ کچھ نہ سمجھے خدا کرے کوئی

کی زندہ تفسیر ہوتا ہے۔ غالباً اس کی موت حرکتِ قلب بند ہو جانے سے نہیں بلکہ حرکتِ زبان بند ہو جانے سے واقع ہوتی ہے۔

گھن چکّر

یہ بور پیچ و خم میں باتیں کرتا ہے اور زیادہ سے زیادہ الفاظ میں کم سے کم مطلب ادا کرتا ہے۔ اس کی گفتگو کا سلسلہ خطِ مستقیم میں نہیں بلکہ دائروں اور زاویوں میں چلتا ہے اور آخر میں سننے والوں کے لیے پیچ کا ایک اُلجھا ہوا گولا بن جاتا ہے۔ اس کی تقریر کے دوران میں اگر سننے والا جاگتا بھی رہے تو کبھی نہیں بتا سکتا کہ وہ کہاں سے شروع ہوئی تھی اور کہاں ختم ہونے والی ہے۔ اکثر یہ خود بھی اپنے پھیلائے ہوئے جال میں ایسا اُلجھ جاتا ہے کہ اُسے یاد نہیں رہتا کہ وہ کس منزلِ مقصود کے لیے کس مقام سے روانہ ہوا تھا۔ مثلاً اگر یہ بتانا چاہتا ہے کہ اس نے ایک بھینس خریدی تھی تو یہ اپنی لنگا رُو نما داستان در داستان کچھ اس طرح بیان کرے گا کہ اُسے بہت سے خود کفیل حصوں اور عنوانوں میں بڑی آسانی سے تقسیم کیا جا سکے گا۔

جاگ پڑنا مئی ۱۹۶۲ء کی ایک رات میں بور کا ۔۔۔ شدت سے بھوک لگنا اس کو اور نہ پانا گھر میں کوئی سامان خوردنی زوجہ کی سعی بسیار کے باوجود۔ خیال آنا خریداری بھینس کا۔ مکالمہ بور و زوجہ بور بابتہ خریداری بھینس۔ تبادلۂ خیال درمیان بور و برادرِ بور بابتہ خریداری بھینس۔ مخالفت اہالیانِ محلہ بابتہ خریداری بھینس۔ متزلزل ہو جانا ارادہ بابتہ خریداری بھینس۔ یاد دلانا والدہ بور کو ایک واقعہ بور کے والد کا بابتہ خریداری مرغ عبرت پکڑنا اور عزم بالجزم کر لینا بور کا بابتہ خریداری بھینس۔

فراہمی سرمایہ ——— دوستوں اور عزیزوں کی بے مہری۔ تیاری ناشتہ۔ کدو کے فضائل۔ روانہ ہونا بور کا واسطے میلہ رام نگر۔ کہا جانا اسٹیشن پر ایک بندر کا ناشتہ بور کا ——— سفر کے کچھ لطائف و ظرائف۔ مثلاً ایک بزرگ خضر صورت کا بور سے بیان کرنا قصہ ایک جن کا بزرگ خضر صورت کا بیان کرنا ایک قصہ ایک دیو کا ایک دوسرے ہم سفر کا۔ یاد آ جانا بور کو ایک قصہ ایک آدم خور کا بیان کردہ اس کے نانا کا۔ غافل ہو جانا بور کا اور کاٹ لینا اس کی جیب بزرگ خضر صورت کا وغیرہ وغیرہ۔

بیچارہ سننے والا اس تمام یاوہ گوئی کے درمیان بھینس ڈھونڈتا رہتا ہے اور بور یہ بھول کر کہ وہ گھر سے کس واسطے کہاں کے لیے نکلا تھا میلہ رام نگر کے بجائے بمبئی پہونچ جاتا ہے اور وہاں نئے فلم اسٹاروں سے دوستی کے پینگ بڑھانے لگتا ہے اور محض ایک اتفاق سے ہیرو بنتے بنتے رہ جاتا ہے۔

گمن حیکر قسم کے ایک بور صاحب ایک دفعہ اپنا ایک شیر کے شکار کا قصہ اپنی روایتی تفصیلات اور تشریحات کے ساتھ بیان کر رہے تھے دو گھنٹے گزر چکے تھے اور ابھی تک شکار کے ابتدائی مراحل بھی ختم ہونے کو نہیں آئے تھے۔ شیر کچھ ایسا ڈھیپ اور کاہل قسم کا واقع ہوا تھا کہ کسی صورت جھاڑی سے نکلنے کا نام ہی نہ لیتا۔ ہماری اور ہمارے دوست پرتاپ نرائن کی اُبکائیاں اور جماہیاں لیتے لیتے جبڑے کی ہڈیاں چٹخ رہی تھیں اور راہِ فرار مسدود پا کر شیر کے بجائے ہم دونوں خود شکار ہوئے جا رہے تھے۔ دفعتاً بور صاحب کے منہ سے نکلا "اور ایک دم سے پندرہ فٹ لانبے شیر نے میرے مچان کے اوپر جست کی!" پرتاپ نے فوراً لقمہ دیا "اور آپ نے جست کے دوران ہی فیتہ لے کر اس کی لمبائی ناپ لی؟" اس غیر متوقع سوال سے بور صاحب بہت چراغ پا ہو گئے اور انھوں نے جلبلا کر کہا "اجی شیر تو مر جانے کے بعد ناپا گیا تھا" پرتاپ نے "اچھا تو آپ نے شیر کا شکار کر لیا!" کہتے ہوئے مجھے گھسیٹا اور ہم دونوں بور صاحب کے سامنے

بے سر پر پیر رکھ کر بھاگ کھڑے ہوئے اور بور صاحب ہم دونوں کو شیر کی آنکھوں سے دیکھتے ہی رہ گئے۔

پھلجھڑی

یہ سب سے کم ذات لہذا مقابلتاً سب سے کم خطرناک قسم کا بور ہوتا ہے۔ صورت پر چاہے پھوٹ پھوٹ کر نحوست برس رہی ہو لیکن اس کو مسخرا بننے اور دکھلانے کا شوق ہوتا ہے۔ اس کو چند گھسے پٹے اور بوسیدہ لطیفے اور فقرے یاد ہوتے ہیں اور یہ موقع و محل دیکھے بغیر ان کا آموختہ دہرا دہرا کر اور ان پر بلا شرکت غیرے خود ہی ہنس ہنس کر اپنی دانست میں حاضرین پر اپنی ذہانت اور حاضر جوابی کا سکہ جماتا رہتا ہے۔ یہ سمجھتا ہے کہ وہ ایک قہقہہ بردوش شخصیت کا مالک ہے لیکن دراصل واقعہ یہ ہوتا ہے کہ اس کی صورت دیکھتے ہی بے اختیار رونے کو جی چاہتا ہے۔

پن ڈبی

یہ سب سے بھیانک قسم کا بور ہوتا ہے۔ یہ بولتا کم اور وقت زیادہ خراب کرتا ہے۔ یہ سامنے سے حملہ نہیں کرتا بلکہ اپنے شکار کو گھیر گھار کر اس پر اس کا عرصۂ حیات تنگ کرتا رہتا ہے۔ یہ پن ڈبی کی طرح کبھی ایک جگہ سر نکالتا ہے اور پھر غوطہ لگا جاتا ہے۔ پھر دوسری جگہ سر نکالتا ہے اور پھر غوطہ لگا جاتا ہے اور اس طرح ابھر ابھر کر اور ڈوب ڈوب کر اپنے مخاطب کو نزاعی کیفیت میں مبتلا رکھتا ہے۔ اس کا حربہ چرب زبانی نہیں بلکہ اس کی موجودگی اور خاموشی ہوتی ہے۔ جب آپ کسی انتہائی ضروری کام میں مصروف ہوں گے تو یہ دبے پیروں آپ کے سر پر آ پہنچے گا۔ علیک سلیک کے بعد یہ خاموشی سے آپ کے قریب ترین کرسی پر گم سم بیٹھ جائے گا۔ آپ اس سے جلد سے جلد چھٹکارا پانے کے لیے گھوم پھر کر اس سے دریافت کرنا چاہیں گے کہ اس نے اس ناوقت تشریف آوری کی کیوں زحمت گوارا فرمائی ہے؟ لیکن وہ "ہوں" "ہاں" کر کے ٹال جائے گا لیکن

رہے گا آپ کے سر پر مسلط۔ چند منٹ انتظار کے بعد اور اُسے خاموش دیکھ کر آپ اپنے کام میں پھر مصروف ہونا چاہیں گے لیکن اس کی موجودگی میں آپ کا دل اپنے کام میں نہیں لگے گا۔ آپ پھر اس کی طرف مخاطب ہوں گے۔ لیکن یہ ایک یا دو لفظی جواب دے کر جماہی لینے لگے گا۔ آپ پھر اپنے کام میں لگنا چاہیں گے۔ لیکن اب آپ پر ایک جھنجھلاہٹ سوار ہو چکی ہو گی۔ آپ اپنا کام بند کر کے اُسے چونکانے اور بھگانے کی پھر کوئی تازہ کوشش کریں گے لیکن یہ بدستور سوالیہ نشان بنا سر سے بیٹھے گا نہ منہ سے بولے گا اور نہ اپنی جگہ سے ٹس سے مس ہو گا اور بالآخر ایک عرصہ دراز کے بعد جب آپ کا جامۂ اخلاق بالکل ہی تار تار ہو جانے کو ہو گا اور آپ پیر پٹخنے اور سر کے بال نوچنے پر مجبور ہو جائیں گے تو آپ کے استفسار پر یہ نہایت معصومیت سے کہے گا: "کچھ نہیں! میں ذرا وقت دریافت کرنے آ گیا تھا"

آنسو گیس

اس قسم کا بور سب سے زیادہ مہلک اور جان لیوا ہوتا ہے۔ یہ بات بات پر نکتہ چینیاں کرتا، بگڑیاں اچھالتا، نصیحتیں اگلتا، عبرتیں بکھیرتا، فصیحتیں تھوپتا، نفرتیں پھنکارتا، دنیا کی بدمذاقی اور زمانے کی بداعمالی کا رونا رو رو کر جہنم کی دھمکیاں دیا کرتا ہے۔ اس کو بور نہیں بھنبھوڑ کہنا چاہیے یہ صرف ڈنک نہیں مارتا بلکہ اپنے مخاطب کو کاٹ بھی کھایا کرتا ہے (اگر کھانے کی کوئی دوسری چیز اس کے سامنے نہ ہو) اس کا دانت بڑا زہریلا ہوتا ہے جس کے لگ جانے کے بعد زندگی بے کیف اور اس کی ہر خوشی صدحیف معلوم ہونے لگتی ہے۔

بحث و تکرار اور جنگ و جدال کے بغیر اس کو کھانا ہی ہضم نہیں ہوتا۔ آپ چاہے جتنا اسے ٹالئے، اس کی باتوں پر خاموش رہیے، دل پر جبر کر کے اس کی ہاں میں ہاں ملائیے لیکن یہ ابر گھیر کے آپ کے اور اپنے درمیان کوئی اختلافی مسئلہ ضرور کھڑا کر دے گا

اور پھر شروع کر دے گا آپ پر اپنی گولہ باری۔

آپ داڑھی منڈاتے ہیں؟ آپ سائنس کی ترقی کے معترف نہیں ہیں؟ آپ بھوتوں کے وجود سے انکار کرتے ہیں؟ آپ عقل کو زندگی کے لئے ضروری سمجھتے ہیں؟ آپ پتلون پہنتے ہیں؟ آپ فلمی گانے سنتے ہیں؟ آپ ضبط تولید کے حامی ہیں؟ آپ نے اپنی زندگی کا بیمہ کرالیا؟ آپ شعر و افسانے کو معیوب نہیں سمجھتے؟ آپ دافع بلیات کا وظیفہ نہیں پڑھتے؟ آپ ہنستے بہت ہیں؟ آپ باآواز بلند ڈکار نہیں لیتے؟ آپ یہ نہیں کرتے؟ وہ نہیں کرتے؟ غرض کہ آپ کے ہوش و حواس کو دھکنے کے لئے یہ کوئی نہ کوئی ڈنڈا تلاش ہی کر لیتا ہے اور پھر بڑی پر خلوص خباثت کے ساتھ وہ آپ کو جہنم کی طرف ہنکانا شروع کر دیتا ہے۔

حُب انساں۔ ذوق حق، اور حُسن کردار سے بے نیاز، یہ صرف چند ظاہری معمولات کو نجات کا ذریعہ سمجھتا ہے اور اسی وجہ سے وہ زندگی کی چھوٹی چھوٹی دلچسپیوں میں بڑی بڑی سنگین نافرمانیوں کا عکس دیکھتا ہے۔ کٹ حجتی کی تلوار اور جہالت کی ڈھال لے کر یہ ساری دنیا کو اپنا ہم خیال بنانے کے ارادے سے گھر سے نکلتا ہے لیکن پھر زیادہ تر یہ کسی دوسرے کے دستر خوان پر پلاؤ اور قورما کھاتا ہوا یا کسی جلسہ عام میں کسی یتیم خانے یا مدرسے کے لیے چندہ یا کسی امیدوار کے لئے ووٹ مانگتے ہوئے دیکھا جاتا ہے۔

اپنی تلخ اور ترش باتوں کی آندھی سے امیدوں اور خوشیوں کے چراغ بجھا کر، مایوسیوں اور بیزاریوں کی تاریکیاں پھیلاتا، اور مسکراہٹوں پر شب خون مار کر انھیں سسکیوں میں تبدیل کرتا، ایک بپھرے ہوئے طوفان کی طرح اپنے سامعین کے سروں پر سے گذر جاتا ہے۔ اس چلتے پھرتے قہر خداوندی کی صورت ہی دیکھتے ،جس کے مقابلے میں ہنسی کراتیتی جھلستی دوپہر بھی نشاط انگیز معلوم ہوتی ہے، ہر سمجھدار انسان قرب قیامت کی علامت بن کر ٹھٹھر جاتا ہے۔ اس سے سانحہ نیاز وہی تاثرات پیدا کرتا ہے

جو آنسو گیس سے دو چار ہونے کے بعد محسوس کئے جاتے ہیں۔ دماغ بیکار، زبان نیم کا اچار، آنکھیں اشک بار، ناک آبشار، چہرہ سوگوار اور دل زندگی سے بیزار،

اس بیچارے کو دوسروں کی بداعمالیوں کا غم کھا کھا کر روز بروز موٹا ہوتے دیکھتے ہیں تو اکثر خیال آتا ہے کہ رفع حجت کی خاطر ہم اپنے اعمال درست کر کے جنت ہی کیوں نہ چلے جائیں لیکن پھر اس کی قربت کا تصوّر دل و دماغ میں زلزلہ ڈال دیتا ہے اور عزم نجات خواہش فرار میں تبدیل ہو جاتا ہے۔ دل تو بس کچھ یہ چاہتا ہے کہ داورِ محشر کے روبرو کچھ ایسی صورت حال درپیش آ جائے۔

رند جنت میں جا بھی چپکے
واعظ محترم رہ گئے

ہاتھی کی لاٹری

آئے دن سننے میں آتا رہتا ہے کہ فلاں کروڑپتی کا دیوالہ نکل گیا۔ آج فلاں کمپنی بیٹھ گئی۔ آج فلاں کارپوریشن لیٹ گئی۔ آج فلاں ملک کے بجٹ میں خسارہ پڑ گیا وغیرہ وغیرہ۔ لیکن ہماری سمجھ میں نہیں آتا کہ آخر یہ کروڑپتی، یہ کمپنی اور کارپوریشن والے اور یہ ملکوں کے بجٹ بنانے والے حضرات ان دیوالوں اور اپنے بیٹھنے، لیٹنے اور خساروں کا اتنا ڈھونگ رچانے کے بجائے ہمارے راجہ صاحب لعل گڑھ کو اپنا مالیاتی مشیر کیوں نہیں بنا لیتے جو یہ پریشانیاں اور سرگرانیاں ایک سرے سے لاحق ہی نہ ہوا کریں اور آمد و خرچ کی رسیاں راجہ صاحب کی نانی اور گنجان مونچھوں کی طرح ہمیشہ برابر ہی تنی رہا کریں۔ خاتمۂ زمینداری کے بعد سے ہمارے راجہ صاحب کچھ بیکار بھی ہیں اور اسمبلی کا پچھلا الکشن ہار جانے کے بعد سے انھیں دفعتاً یہ خیال بھی پیدا ہو گیا ہے کہ قوم کو ان کی خدمات کی اشد ضرورت ہے۔ ان کے پرانے راج وید کی تشخیص ہے کہ یہ خیال فاسد اُن کی پرانی شکایت ضعف معدہ کی ایک نئی علامت ہے۔

وہ بھی کیا دن تھے کہ جب ہمارے راجہ صاحب واقعی راجہ صاحب ہی تھے اور بیس ہزار انسانوں کے اَن داتا کہلاتے۔ وہ اپنی ریاست میں کاشتکاروں سے زمین کا لگان وصول کرنے

کے علاوہ ستر دوسرے ٹیکس وصول کرتے تھے۔ ان ٹیکسوں میں بعض ٹیکس تو اس قدر عجیب غریب اور نادرالوجود تھے کہ ان کو محض سن کر راجہ صاحب کی رسائی فہم کی بے ساختہ داد دینا پڑتی مثلاً ہر کاشتکار کو اپنے دودھ دینے والے ہر مویشی پر سالانہ پاؤ بھر گھی چکھانا پڑتا۔ لڑکے کی شادی پر ایک بکرا اور لڑکی کی شادی پر چار سیر مٹھائی پیش کرنا پڑتی۔ پہلے لڑکے کی پیدائش پر ایک بکرا اور بقیہ لڑکوں اور لڑکیوں کی پیدائش پر پانچ پانچ سیر غلہ دینا پڑتا ورنہ اولاد کی پیدائش والدین کی موت کا پیش خیمہ ثابت ہونے لگتی۔ ان پیدائشی ٹیکسوں کی بدولت راجہ صاحب کے علاقے میں ضبط تولید کے فوائد سے ان کی رعایا خود بخود آگاہ ہو گئی تھی۔ کوئی مویشی مر جاتا تو اس کی کھال کے نصف دام راجہ صاحب کے خزانے میں جمع ہو جاتے ورنہ مردہ مویشی کے زندہ مالک کی کھال ادھیڑی جانے لگتی۔ راجہ صاحب کی عملداری میں کوئی دلہن اس وقت تک بیاہ کر آ ہی نہیں سکتی تھی جب تک دولھا کی طرف سے جہیز کے مالِ غنیمت میں سے راجہ صاحب کا خراج نہ ادا کر دیا جاتا۔ گاؤں کے ہر پیشہ ور اور دوکاندار کو حیثیت ٹیکس ادا کرنا لازمی تھا۔ اس حیثیت کی ناپ جوکھ کا ایک باقاعدہ چارٹ تھا جو راجہ صاحب کی کاوشِ فکر کا بہترین نمونہ سمجھا جاتا۔ گاؤں میں کسی موقع پر کوئی جلسہ منعقد کرنے یا باجہ بجوانے پر کاشتکاروں کو پانچ روپیہ جرمانہ ادا کرنا پڑتا۔ مکان بنوانے کا نذرانہ علیحدہ تھا اور چھپر ڈالنے یا دیوار اُٹھانے کا ٹیکس علیحدہ۔ دروازے میں کواڑ لگوانے کا تاوان دس روپیہ تھا کسی گھر میں چیچک نکل آتی اور بغیر جان لئے ختم ہو جاتی تو بطور شکرانہ ایک روپیہ راجہ صاحب کو بھینٹ کرنا پڑتا وغیرہ وغیرہ۔

ان مستقل ٹیکسوں میں وہ ہنگامی نذرانے، چندے اور جرمانے شامل نہیں تھے جو وقتاً فوقتاً وصول ہوتے رہتے تھے مثلاً جب راجہ صاحب کے یہاں کوئی تقریب ہوتی، خواہ وہ سب سے چھوٹی راجکماری کی نک چھدی ہی کیوں نہ ہو، ہر کاشتکار کو حسب موقع اور حسب حیثیت نذر دینا پڑتی۔ اسی طرح الکشن۔ لاٹ صاحب کی دعوت یا نئی موٹر کی خریداری یا اسی قسم کے

دوسرے فرائض ضروری کے موقعوں پر کاشتکاروں کی دربادلی سے چندے دینا ان کی صحت کے حق میں مفید ثابت ہوتا اور پھر جرمانوں کا تو کوئی حساب ہی نہیں تھا۔ ہر ممکن غلطی کے لئے نوشتۂ تقدیر کی طرح ایک جرمانہ مقرر تھا۔ کسی کی عورت بھاگ گئی تو جرمانہ۔ کوئی کسی عورت کو بھگا لایا تو جرمانہ۔ بیگار کے لئے کوئی بلایا گیا اور ٹھیک وقت پر نہیں پہنچا تو جرمانہ۔ ٹھیک وقت پر پہنچا لیکن کام ٹھیک نہیں کیا تو جرمانہ۔ بس یوں سمجھ لیجئے کہ کوئی زور سے بول دیا تو جرمانہ، ناک پر مکھی بیٹھ گئی تو جرمانہ، بے وقت چھینک آگئی تو جرمانہ۔ سنتے ہیں ایک دفعہ راجہ صاحب لاٹ صاحب سے ملنے جا رہے تھے اور اپنے پھاٹک سے باہر قدم نکالا ہی تھا کہ ایک کم بخت کاشتکار کو چھینک آگئی۔ وہ تو کہیے تمام حاضرین راجہ صاحب کے قدموں پر گر پڑے اور بڑی مشکل سے سو روپیہ جرمانے پر بات طے ہو گئی ورنہ غالباً چھینکنے والے کو اپنی ناک سے ہی ہاتھ دھونا پڑتا۔ تاریخ میں شاید اس سے زیادہ قیمتی چھینک اب تک نہیں چھینکی گئی ہے۔

راجہ صاحب کے ان گنت مطالبات کے علاوہ ان کے سربراہ کاروں، ضلعداروں، کارندوں، سپاہیوں اور بیسرداروں کی بھی کچھ تنخواہیں یا عرف عام میں حقوق تھے جو حصہ بقدر جُثّہ کے اصول کے مطابق فصل کٹنے کے وقت ہر کاشتکار سے کھیت ہی پر وصول کر لئے جاتے۔ راجہ صاحب اپنے خزانے سے اپنے کسی ملازم کی تنخواہ دینا بڑی بدشگونی سمجھتے۔ اور پھر یہ سب ملازمین ملازم بھی تھے تو اس کام کے لیے کہ کاشتکاروں سے روپیہ کھینچتے رہیں اور نہ صرف یہ کہ ان کی ہڈیوں پر گوشت نہ چڑھنے دیں بلکہ ان ہڈیوں سے گودا بھی نکال لیں لہذا ان کی تنخواہیں بھی ان کے حقوق کی صورت میں کاشتکاروں ہی سے وصول کی جاتیں۔ راجہ صاحب کے دشمنوں کو کیا پڑی تھی کہ وہ ملازمین کا اتنا بڑا غول بیابانی پالتے پھرتے۔ فائدہ تو سراسر کاشتکاروں ہی کا تھا کہ ان ملازمین کی فوج ظفر موج کی بدولت وہ اپنے لگان، مختلف ٹیکسوں اور جرمانوں کی ادائیگی بلکہ اکثر قید حیات اور بند غم سے جلد از جلد آزاد ہو جاتے۔ البتہ کبھی کبھی راجہ صاحب اپنے ملازمین سے بھی جو دست خود دہان خود کے مصداق چھٹا جانور دہ

کی طرح چھوڑ دیے گئے تھے چھوٹے موٹے جرمانے وصول کر لیتے اور ان کو یاد دلا دیتے کہ ان کے حقوق کے ساتھ ہی ساتھ ان پر کچھ فرائض بھی واجب ہیں۔

لگان ٹیکس، نذرانوں، چندوں اور جرمانوں وغیرہ کی ادائگی میں سہولت کے خیال سے راجہ صاحب نے ازراہ غربا پروری ایک محکمہ اُگاہی کھول رکھا تھا جس کا کام غریب رعایا کو روپیہ قرض دینا تھا اور جس کی شرح سود در سود کے حساب سے اکثر پچاس یا ساٹھ روپیہ فی صدی سالانہ بھی ہو جاتی۔ غرض کہ کاشتکاروں کی پوری کمائی کو کسی نہ کسی بہانے سے خود ہضم کر جانا راجہ صاحب نے ایک فنِ لطیفہ بنا رکھا تھا اور اس کے باوجود وہ اپنے آپ کو "ان داتا" کہلواتے اور خیال کرتے کہ انھوں نے اپنے وسیع علاقے میں جس فراخدلی سے اپنی رعایا کے ہڈی کے ڈھانچوں کو چند سانسیں لینے کی اجازت دے رکھی ہے اس کے احسان کے بوجھ سے وہ کم بخت اس جنم میں کیا سات جنم میں بھی سبک دوش نہیں ہو سکتے۔

راجہ صاحب نے ایک دفعہ ایک موت ٹیکس لگانا بھی تجویز کیا تھا لیکن جب اس کی دہشت سے اس قدر لوگ مرنے لگے کہ اس کا اثر زندگی کے دوسرے ٹیکسوں پر ناخوشگوار پڑا تو انھوں نے مجبوراً اس کو کسی سہالک کے موقع کے لیے ملتوی کر دیا تھا ـــ لیکن بدقسمتی سے اس سہالک کے موقع کی آمد سے پہلے ہی خاتمہ زمینداری کا قانون آ گیا اور راجہ صاحب کی بہت سی آرزوؤں اور تمناؤں کے ساتھ یہ تجویز بھی شرمندۂ تعبیر نہیں ہو سکی اور وہ بیچارے "آگ اس گھر میں لگی ایسی کہ جو تھا جل گیا" کی محض ایک آتش زدہ تفسیر بن کر رہ گئے۔

راجہ صاحب کے پاس ایک بڑا گراں ڈیل ہاتھی جھبّن نامی تھا جو ان کے ہاتھیوں کے غول کی ناک سمجھا جاتا اور جس کو ان کے تایا جی نے اپنی ساتویں شادی کے جہیز میں حاصل کیا تھا۔ جب یہ بڈھا ہو گیا اور کار ریاست کے قابل نہیں رہا تو خیر خواہان ریاست نے راجہ صاحب کو مشورہ دیا کہ اب اس کو فروخت کر ڈالا جائے تو بہتر ہے۔ دو تین ہزار روپے قیمت بھی وصول ہو جائیں گے اور اس کے اخراجات سے بھی چھٹی مل جائے گی۔ راجہ صاحب نے

یہ تجویز سنی تو ان کے چہرہ پر چند لمحوں کے لئے غور و فکر کی گھٹائیں چھائیں لیکن پھر ایک دم سے فیصلہ کن تبسم کی پے در پے بجلیاں کوندنے لگیں اور انھوں نے بادلوں کی گڑگڑاہٹ والی آواز میں فرمایا "جھبن کے لیے لاٹری پڑے گی۔ ہر کھاتے دار کو ایک روپیہ فی ہل دینا پڑے گا۔"

صرف حکم کی دیر تھی، عہدیداروں نے آنکھیں نکالیں، سپاہیوں نے آستینیں چڑھائیں اور بیسرداروں نے اپنے ڈنڈے سنبھالے اور بات کی بات میں یعنی صرف چند ہفتوں میں جھبن کی لاٹری کے لئے سوا چھ ہزار روپیہ کاشتکاروں کی پھٹی جیبوں سے نکل کر راجہ صاحب کے خزانے کی فولادی تجوریوں میں جمع ہو گیا اور انھوں نے پنڈتوں سے مشورہ کرنے کے بعد لاٹری نکالنے کی نہ صرف مناسب تاریخ اور دن، بلکہ ساعت بھی مقرر کر دی۔

لاٹری کا دن آیا تو ملازمین ریاست کی حراست میں ریاست بھر کے کھاتے داروں کو قلعے کے بڑے میدان کے ایک طرف باڑے میں بند کر دیا گیا۔ بیچ میں بڈھے جھبن کو کھڑا کیا گیا اور دوسری طرف ایک زرق برق اور بہت وسیع شامیانے میں راجہ صاحب کا دربار آراستہ کیا گیا جس میں رانیوں، راجکماروں اور راجہ صاحب کے دیگر رشتہ داروں، مصاحبوں، حاشیہ نشینوں اور حکام ریاست کی نشستوں کا حفظ مراتب کے لحاظ سے بہت مناسب انتظام کیا گیا تھا۔ سارا خیمہ اپنے ریشمی پردوں، خوبصورت قالینوں اور زرنگار پلیٹ فارم پر مرصع چھتر کے نیچے راجہ صاحب کے گنگا جمنی تخت سے جگمگ جگمگ ہو رہا تھا اور ننگے اور بھوکے کاشتکار اس پرستانی منظر کو دیکھ دیکھ کر پاگلوں کی طرح خوش ہو رہے تھے۔ شہنائیوں کی سہانے لے اور باجوں کی جھنکار کے درمیان راجہ صاحب ایک عالیشان ہاتھی پر اور ان کے پیچھے ان کے دوسرے متعلقین گھوڑوں اور موٹروں پر میدان میں پہنچے تو ساری فضا "ان داتا کی جے ہو" "ان داتا کی جے ہو" کے فلک شگاف نعروں سے گونج اٹھی۔ جھبن نے سونڈ اٹھا کر راجہ صاحب کو سلام کیا تو سارا مجمع مارے خوشی کے تالیاں

پٹینے لگا۔ لیکن پھر جب نقارے پر چوب پڑی تو سارے میدان میں خاموشی چھاگئی۔

گھا۔ تے داروں یعنی لاٹری میں حصہ لینے والوں کے ناموں کو لکھ کر کاغذ کی گولیاں بنا دی گئی تھیں جو چاندی کے ایک بہت بڑے طشت بلکہ ٹب میں رکھی ہوئی تھیں۔ راجہ صاحب نے پنڈتوں کے منتروں کے جاپ کے درمیان تھرتھراتے ہوئے اس طشت سے ایک گولی نکالی اور اس میں لکھا ہوا نام پڑھنے کے لئے اسے بڑے راجکمار کو دے دیا۔

دفعتاً ایک غلغلہ بلند ہوا "کلو دھوبی ساکن ٹکیٹ پور کو ہاتھی ملا۔" "کلو دھوبی ساکن ٹکیٹ پور کو ہاتھی ملا۔" دربار کے شاعر پنڈت گرجا شنکر نے فوراً اس مصرع طرح پر اپنا قصیدہ پیش کیا "جن پاؤں پنہی ناہیں انھیں دیت گجراج۔" (یعنی جن پیروں کو جوتا بھی میسر نہیں ان کو تو نے ہاتھی بخش دیا)۔ لاٹری کا نتیجہ سن کر پورے مجمع میں ایک ہلچل اور کھلبلی مچ گئی تھی اور ہر کوئی خوش قسمت کلو دھوبی ساکن ٹکیٹ پور کو دیکھنے کے لئے بے چین ہو رہا تھا۔ یک بیک ایک طرف سے روتا چیختا چیتھڑے لگائے کلو دھوبی نمودار ہوا اور سپاہیوں کی روک ٹوک کو ایک والہانہ بے خودی سے چیرتا پھاڑتا وہ راجہ صاحب کے تخت کے سامنے پہنچ کر اوندھے منہ گر پڑا اور بلک بلک کر گڑگڑانے لگا "ان داتا! ہمرا موڑ کاٹ ڈالیں مُل ہم کا ہاتھی نہ دیں۔ ہم ہاتھی ناہیں رکھ سکت ہیں۔" (ان داتا! میرا سر کاٹ لیں لیکن مجھے ہاتھی نہ دیں۔ میں ہاتھی نہیں رکھ سکتا ہوں)۔

راجہ صاحب کا جذبۂ فیل پروری جوش میں آگیا۔ انھوں نے جھبّن کو واپس اصطبل بھجوا دیا جو اپنی سونڈ اٹھا کر ان کو سلام کرتا ہوا چلا گیا۔ غالباً خوش تھا کہ وہ اس بڑھاپے میں دھوبی کا گدھا بننے سے بچ گیا اور کلو دھوبی کو سو روپے انعام دلا دیئے۔ لاٹری کی تقریب ان داتا کی واہ! واہ! اور کلو دھوبی کی آہ! آہ! پر بحسن وخوبی ختم ہو گئی۔

بعد میں پتہ چلا کہ راجہ صاحب نے کسی راجکماری کے جہیز میں جھبّن کو دے دیا اور وہ راجکماری کے ڈولے کے پیچھے سلام کرتا ہوا چلا گیا۔

خدا بخشے ہمارے چودھری صاحب بالکل صحیح فرماتے تھے کہ اگر زمینداریاں اور تعلقداریاں ختم ہو گئیں تو بڑے بڑے فنون لطیفہ ختم ہو جائیں گے۔

شکر ہے کہ ہمارے سیٹھ اور ساہوکار اور حکام عالی نشان فنون لطیفہ سے متعلق بہت سی زنگ لگی ہوئی روایتوں کو اب بھی زندہ اور تازہ کئے ہوئے ہیں۔ فرق صرف اتنا ہے کہ ہاتھ کی چکیاں اب مشینوں میں تبدیل ہو گئی ہیں۔

عشق اور بھوک

آخر صبر و ضبط کی بھی ایک حد ہوتی ہے! شرافت کی بھی کوئی انتہا ہے؟ لیجیے اب میں آپ سے ایک ایسے رازِ درونِ پردہ کا انکشاف کرنے جا رہا ہوں جو آٹھ برسوں سے میرے دل کا ناسور اور میرے دماغ کا فتور بنا ہوا ہے۔

میری شادی شدہ زندگی کا شاید ہی کوئی ایسا منحوس دن ہو جب میری بیگم نے کبھی غصے اور کبھی پیار سے، مجھ سے یہ سوال نہ کیا ہو "آخر تم نے مجھ سے عشق کیوں جتایا تھا؟" اور میں ہمیشہ اس کا صحیح جواب دینے سے گریز کرتا رہا ہوں ؎

پوچھتی ہیں وہ کہ چاہا کس لیے کوئی بتلاؤ کہ ہم بتلائیں کیا؟

لیکن میری بیگم میرے اس گریز کو میری شرافت کے بجائے میری حماقت پر محمول کرتی ہیں۔ ابھی سویرے ٹہلنے پر جب جلے اور کالک لگے توسوں پر میں نے ناک بھوں چڑھا کر صرف ایک خاموش احتجاج کرنا چاہا تو میرے منہ سے ایک لفظ سُنے بغیر وہ اُلٹا چور کوتوال کو ڈانٹے، کے مصداق خود ہی بپھر اٹھیں "ایسے ہی کیڑے پڑے تھے میرے ہر کام میں، تو کیوں گئے تھے مجھ سے عشق جتانے؟" میں نے بات ٹالنے کے لیے غریب ڈبل روٹی ہی میں کچھ اس قسم کی خرابی بتانا چاہی جس سے توس خود بخود کالے ہو جاتے ہیں تو وہ اور بھی آگ بگولہ ہو گئیں

ناشتے کا بائیکاٹ کر کے کھانا پکانے کی ہڑتال کر دی۔ اب خود دوسرے کمرے میں لیٹی خراٹے لے رہی ہیں اور میں یہاں بھوکا بیٹھا مکھیاں مار رہا ہوں۔

جی ہاں تو میں نے بھی طے کر لیا ہے کہ میں آج آپ کو اپنے عشق کی صحیح حقیقت ضرور بتاؤں گا ع سر جائے یا رہے نہ رہیں پر کہے بغیر۔ میرے حلق میں کوئی شکایت نہیں ہے، میں صرف احتیاطاً دھیمی آواز سے بول رہا ہوں اور آپ کو اگر تکلیف نہ ہو تو ذرا اس درمیانی دروازے کے پٹ کو اور بھیڑ دیں کیسی فتنۂ خوابیدہ کو بیدار کرنا ہمیشہ خلاف مصلحت ہوتا ہے۔ اس سلسلے میں آپ کی یہ معنی خیز مسکراہٹ بالکل بے معنی ہے۔ میں اپنی بیوی سے کچھ ایسا خائف بھی نہیں ہوں البتہ میں ایک شریف آدمی ہوں اور خصوصاً اس زمانے میں جب ؎

نہ حوصلہ گناہ نہ بخشش کی توقع باقی!

ہاں تو سنیے! میں نے بھی عشق کیا ہے اور کامیاب عشق کیا ہے۔ مطلب یہ کہ جن محترمہ کی زلف گرہ گیر میں کبھی میرا کمبخت دل، ع عافیت کا دشمن اور آوارگی کا آشنا، پھنسا تھا، وہ آج میری بیاہتا بیوی اور میرے بچوں کی ماں بھی ہیں۔

مولانا عبدالقدوس، جو دنیا کی ہر چیز میں، خواہ وہ کیچڑ میں لتھڑی ہوئی بھینس ہو خواہ بول کا سوکھا ٹنڈ منڈ پیڑ معشوق حقیقی کا جلوہ دیکھا کرتے، اکثر اپنے ثبوت بزرگی کو اپنے بائیں ہاتھ سے پکڑ کر اور دائیں ہاتھ سے ہوا میں گھونسا چلاتے ہوئے بڑے جوش و خروش سے فرمایا کرتے کہ عاشق بامراد کی پہچان یہ ہے کہ وہ ہمیشہ نامراد رہے۔ اسے معشوق کی قربت کبھی میسر نہ آتی ہو اور وہ یا تو جنگلوں میں کپڑے پھاڑتا اور یا معشوق کے در دولت پر ڈنڈے کھاتا ہوا براہ راست جہنم کو سدھار جاتا ہے۔ مولانا کا یہ مقولہ بھی ان کے دوسرے مقولوں کی طرح نئی روشنی والوں کو بہت بوسیدہ اور زنگ آلودہ معلوم ہوتا ہے۔ مولانا کو اپنی کوٹھری میں بیٹھ کر شاید خبر نہیں کہ اب بیسویں صدی کے آدھے آخری حصے میں زمانہ ٹٹو اور بیل گاڑی کا نہیں بلکہ جیٹ اور راکٹ کا ہے۔ وقت کے ساتھ عشق کے فیشنوں میں بھی زبردست

انقلاب آچکا ہے۔ مجنوں اور فرہاد اب ویسے ہی آؤٹ آف ڈیٹ ہیں جیسے خاموش فلمیں یا بناسپتی گھی وغیرہ۔ اب عاشق آہیں نہیں بھرتا ہے بلکہ منہ سے سگریٹ کا دھواں چھوڑتا ہے نالہ و شیون کرنے کے بجائے وہ کوئی فلمی دھن گنگناتا ہے۔ دل زیادہ گھبراتا ہے تو وہ کوچۂ معشوق یا ویرانوں کی طرف نہیں بھاگتا بلکہ غم غلط کرنے کے لیے یونیورسٹی یا کالج چلا جاتا ہے۔ ہجر میں وہ رات کو تارے نہیں گنتا بلکہ سیکنڈ شو میں وہ فلمی ستاروں سے آنکھیں لڑاتا ہے اس گرانی کے دور میں وہ کپڑے پھاڑنا حماقت سمجھتا ہے لہٰذا اب صرف چست کپڑوں سے وہ اپنے ذوق نمائش کی کچھ ایسی تسکین کر لیتا ہے کہ اس پر خود عریانی سر بہ گریباں نظر آتی ہے۔

عشق کے امتحانوں کے نصاب میں بھی اب کافی تبدیلی ہو گئی ہے۔ اب صحراؤں کی پیمائش کرنے اور پہاڑوں سے جوئے شیر نکالنے کے بجائے صرف معشوق کے لیے سینما کے ٹکٹ کی قیمت اور کافی ہاؤس میں کافی کا بل، باپ کی کمائی سے ادا کرنا پڑتا ہے۔ اب عشق سوز و تب و تاب اول، سوز و تب و تاب آخر، والی ریں ریں گھس گھس نہیں بلکہ اس میں جیسا کہ لاتے ہیں نشہ اول دیتے ہیں شراب آخر، کی طرح سانحۂ عشق سے پہلے ہی ہنگامۂ وصل برپا ہو جاتا ہے۔

لیکن میں نے تو آپ کو اپنی داستانِ عشق سنانے کا وعدہ کیا تھا! یہ درمیان میں مولانا عبدالقدوس کیسے کھاند پڑے؟ اچھا خوب یاد آیا، میرے عشق کی داستان کا آغاز مئی کے مہینے میں ایک حد سے زیادہ گرم دوپہر کو انھیں کے غریب خانے سے ہوتا ہے۔ ان کا نام نامی آگیا ہے تو ضمناً یہ بھی عرض کر دوں کہ آج کل میرے یہ محترم دوست۔ خیر چھوڑیئے اس قصے کو بہت طولانی ہے اور مجھے ڈر ہے کہ مولوی قدوس کے ذکر خیر تک میری داستان محبت کا شرارہ دھرا رہ گیا تو مجھے وعدہ شکنی کی ندامت اور آپ کو شکایت، بلکہ میرے عشق کی صحیح حقیقت سے لطف اندوز ہو سکنے کی حسرت رہ جائے گی۔

ہاں تو میں عرض کر رہا تھا کہ میری داستان عشق مئی کے مہینے میں ایک حد سے زیادہ گرم دوپہر سے شروع ہوتی ہے۔ میرے ماموں ایک کرایہ دار کی حیثیت سے مولوی قدوس کے مکان کے ایک حصے میں مقیم تھے اور میں گرمیوں کی بڑی چھٹیوں میں ان سے ملنے آیا ہوا تھا۔ مکان کی دوسری منزل پر میں لو کے جھکڑوں سے بچنے

کے لیے اپنے کمرے کے دروازے اور کھڑکیاں بند کیے میز پر رکھے ہوئے پنکھے کے سامنے پلنگ پر لیٹا نیند کو بلانے کی کوشش کر رہا تھا اور ایک حد تک اس میں کامیاب بھی ہو چکا تھا کہ دفعتاً برابر والے مکان سے جو ایک درمیانی گلی کے دوسری طرف تھا چند سمع خراش چیخیں بلند ہوئیں۔ میں ہڑبڑا کر اٹھ بیٹھا اور اپنے کمرے کی گلی والی کھڑکی کھول دی۔ سامنے کھڑکی پر جھکی ہوئی ایک موٹی سی ٹھنگنی لڑکی اپنی حلق سے عجیب و غریب آوازیں نکال رہی تھی۔ نیچے ایک بکری کا بچہ سنسان گلی میں پڑے ہوئے کیلے کے چھلکے کو سونگھ کر چبانا چاہتا اور ساتھ ہی ساتھ گلی کی تنہائی محسوس کر کے ممیا نا جاتا اور اس کے جواب میں اسی کی آواز کے تال و سُر میں اوپر کھڑکی سے لڑکی ممیا رہی تھی۔ غالباً وہ اس کو بلانا چاہتی تھی۔

نہیں معلوم میری کیا شامت آئی کہ اس ڈرامے میں مجھے اپنی بھی ضرورت محسوس ہوئی اور میں بھی بے ساختہ "میں" "میں" چیخنے لگا۔ بکری کا بچہ کچھ عجیب اُلو کا پٹھا واقع ہوا تھا۔ وہ لڑکی کی آواز پر آہستہ آہستہ اس کے مکان کے دروازے کی طرف واپس جا رہا تھا لیکن میری آواز سن کر پھر گلی کی طرف پلٹ پڑا۔ لڑکی نے اپنی آواز بلند کر دی اور میں نے اپنی آواز بلند تر۔ چند منٹ تک محض آوازوں سے یہ کھینچا تانی کی مشق جاری رہی اور پھر ان آوازوں میں الفاظ پیدا ہونے لگے

"بے وقوف" لڑکی چیخی

" ٹھنگنی " میں نے جواب دیا۔

"بد تمیز اور بے ہودہ"۔

"موٹی اور کالی"!

"لوفر کہیں کا"۔

" جھبڑی بھیں کی"!

لڑکی نے گھونسا تانا! اور میں نے جو تے دکھائی اور پھر گلی میں کچھ راہ گیر آ گئے۔ انھیں دیکھ کر لڑکی نے بڑے زور سے اپنی کھڑکی بند کر لی اور میں نے اپنی اور وقتی طور سے ڈراپ سین ہو گیا۔

یہ تماشا شروع ہوا تو پھر اس میں آئے دن نئے گل کھلنے لگے۔ دوپہر میں جب سارا گھر سوتا اور

گلی سنسان ہو جاتی تو دونوں طرف کی کھڑکیاں کھل جاتیں اور ہم دونوں ایک دوسرے کی دل آزاری کے لیے نئی نئی شرارتیں شروع کر دیتے۔ کبھی لڑکی منہ بناتی، زبان نکالتی اور مجھے سینڈل دکھاتی اور کبھی میں اسے منہ چڑھاتا، بندر کی طرح اس پر خو خیاتا اور بکری کے بچے کی طرح میں میں کرتا۔

سب سے زیادہ لطف اس وقت آتا جب میں گال پھلا کر اور اپنا قد چھوٹا کر کے اسے یاد دلاتا کہ وہ موٹی اور ٹھنگنی ہے۔ لڑکی جل بھن جاتی اور اضطراری حرکات کرنے لگتی۔ وہ کبھی عینک لگا کر یا اندھی بن کر میری عینک اور کم نگاہی پر طنز کرتی، کبھی اپنے گال پچکا کر اور اسٹول پر کھڑے ہو کر میرے دبلے اور لانبے ہونے کا مذاق اڑاتی۔ بہرصورت وہ مجھے کلّہ بہ کلّہ جواب دینے سے کبھی نہ چوکتی۔

کئی دنوں تک یہ ڈرامے ہوتے رہے اور جب میں نے دیکھا کہ یہ لڑکی کسی طور سے ہار ماننے والی نہیں تو میں نے اپنی جہالت اور حماقت سے سوچا کہ غالباً صرف ایک ایسی شرارت ہو سکتی ہے جو صرف میں کر سکتا ہوں اور جو یہ لڑکی جواباً میرے ساتھ نہیں کر سکتی میں نے اس سے والہانہ اظہار محبت شروع کر دیا۔ ایک شریف لڑکی سے اس طور سے بناسپتی قسم کی محبت کرنا کس اونچے درجے کا کمینہ پن ہے؟ میں اس بحث میں اس وقت نہیں پڑوں گا البتہ یہ اعتراف لازمی ہے کہ میں اس کی سزا ضرورت سے زیادہ بھگت چکا ہوں۔

جی ہاں تو میں نے اظہار محبت شروع کر دیا۔ اس وقت کی تازہ ترین رومانی فلموں کے اعلیٰ ترین معیار کے مطابق۔ میں ہمسایہ لڑکی کو دیکھتے ہی اپنے سینے پر ہاتھ رکھ کر آہیں بھرتا، ہاتھ جوڑتے ہوئے گڑگڑا کر گھٹنوں کے بل ہو جاتا اور اکثر اپنے سر کے بال نوچ کر آنکھوں سے جھوٹے آنسو پونچھنے لگتا غرض کہ اسی قسم کی بہت سی بدحواسی کی حرکتیں مجھ سے بے ساختہ سرزد ہونے لگتیں اور اپنی مفروضہ محبوبہ کو دیکھتے ہی میرے چہرے مہرے پر عشق ایسا پھوٹ پھوٹ کر برستا کہ اس طرح لڑکی بیچاری کی بساط کیا، بڑے بڑے ستم پیشہ اور جلاد وش معشوقوں کے فولادی دل بھی پسیجے بغیر نہیں رہ سکتے تھے۔

میری ان حرکات کو میری مخاطب نے پہلے تو مضحکہ خیز سمجھا اور ٹھینگا دکھا کر میرا مذاق اڑانے کی کوشش کی لیکن جب میں اپنی عشق بازی پر مستقل مزاجی سے قریب دو ہفتے تک قائم رہا تو پھر رفتہ رفتہ وہ مجھ سے شرمانے اور لجانے لگی۔ وہ مجھے دیکھتے ہی اور میری عاشقی کی ایکٹنگ شروع

ہوتے ہی کھڑکی کے سامنے سے ہٹ جاتی اکثر وہ کواڑوں کی آڑ سے یا چھپ کر مجھے دیکھتی رہتی اور کبھی وہ ایک نگاہِ غلط انداز سے نواز کر مجھے اپنا ایک تبسم بھی بخش دیتی۔ اور یہ ہمت افزائی میرے عشق کے سرپٹ گھوڑے کے لیے کسی چابک سے کم مؤثر ثابت نہیں ہوتی۔

مجھے کیا خبر تھی کہ میں خود اپنی گرفتاری کے لیے کیسے کیسے جال بچھا رہا ہوں۔ سُن رکھا تھا کہ چچا مجنوں خالہ لیلیٰ کے کتّے کی بھی بڑی قدر و منزلت کرتے۔ چنانچہ میں بھی اپنے محبوب کے بکری کے بچے کا بڑا لاڈ پیار کرنے لگا۔ اس کے لیے ہری ہری گھاس لاتا اور اکثر اسے گود میں اُٹھا کر کسی بچے کی طرح اچھالتا اور جھولا جھلاتا۔ اس بچے کی گردن میں ایک لال پٹا پڑا ہوا تھا۔ ایک روز، بہ قول مولوی قدوس، مجھے شیطان نے زیادہ ورغلایا، تو میں نے ایک انتہائی عاشقانہ خط جس میں جانِ من جہانِ من قسم کا القاب تھا اور شربت وصل کی خواہش، جان سے ہاتھ دھو بیٹھنے کی دھمکی کے ساتھ تھی، لکھ کر اُس کے پٹے میں رکھ دیا۔ مجھے پورا اطمینان تھا کہ جس طرح کبوتر عاشق کا خط براہ راست معشوق تک پہنچا دیا کرتا تھا اسی طرح یہ بکری کا بچہ، جسے کبوتر سے کہیں زیادہ سمجھدار ہونا چاہیے تھا، میرا خط میرے محبوب تک ضرور پہنچا دے گا لیکن۔ ۔ ۔ ۔

رات کو میں سنیما کا پہلا شو دیکھ کر سیٹی بجاتا جب گلی میں اپنے گھر کی طرف مڑا تو دیکھا کہ وہاں ایک کہرام برپا ہے میرے مکان کے سامنے رہنے والے خاں صاحب دو تین اپنے ہم شکل اور ہم وزن بدمعاشوں کے ساتھ لاٹھی لیے گرج رہے تھے۔

"کہاں ہے وہ شیطان کی اولاد؟ شریف لڑکیوں پر ڈورے ڈالتا ہے غنڈہ! ابھی قیمہ بنا کر رکھ دوں تو یہ مت سمجھ نہیں گدھے کی دم ہے!"

اور ان کے درمیان میرے ماموں ہاتھ جوڑتے اور خوشامدیں کرتے میری زندگی کی

بھیک مانگ رہے تھے۔ اور سارا محلہ تماشائی بنا خاں صاحب اور ان کی پارٹی کی ہاں میں ہاں ملا رہا تھا۔ ایک طرف عورتوں کے جھرمٹ میں ایک فیشن ایبل خاتون چیخ چیخ کر میرا خط سنا رہی تھیں اور باقی عورتیں اپنی عجیب عجیب شکلیں بنا کر اپنا سر پیٹ رہی تھیں۔

پھر کیا ہوا؟ تفصیل طولانی ہے اور اس وقت بھوک سے میری جان پر بنی ہے بس یوں سمجھ لیجیے کہ خاں صاحب کی وہ لڑکی جس کی شادی کے دو تین پیغام چھوٹ جانے کے بعد برسوں سے کوئی پیغام نہیں آیا تھا، آدھی زات سے پیشتر ہی بکری کے بچے کے جہیز کے ساتھ میری منکوحہ بیوی بن گئی۔

ارے یہ کیا؟ وہ دیکھیے میری محبوبہ اور بیوی خوان سجائے میرے لیے کھانا لیے آرہی ہے۔ اچھا رخصت! خدا حافظ! میں نے جو قصہ بیان کیا وہ صرف میرے خلو معدہ کی پیداوار تھا اور اس کے لیے میں گنہگار، سزاوار، بلکہ افسانہ نگار ہوں۔

دَورِ حاضر کے مزاح نگاروں میں وجاہت علی سندیلوی ایک ممتاز اور منفرد حیثیت کے مالک ہیں۔ اُنکے اسلوب نگارش میں بلا کی شوخی اور بے ساختگی پائی جاتی ہے۔ اُنکے کردار اور پلاٹ، ندرتِ فکر اور نشاطِ تصوّر کے بڑے دل آویز نمونے ہوتے ہیں۔ وہ ہنسانے کی کوشش نہیں کرتے، بلکہ اُن کی باتوں پر خود بخود ہنسی آجاتی ہے۔

وجاہت علی سندیلوی صرف لطیفہ بازی یا محض الفاظ کی بازی گری کے قائل نہیں۔ اپنے طنز اور مزاح سے وہ جو سُرور پیدا کرتے ہیں اُس میں ایک شعور بھی ہوتا ہے، جو ہنسانے کے ساتھ ہی کچھ سوچنے پر بھی مجبور کرتا ہے۔

منتخب مزاحیہ مضامین کا ایک اور مجموعہ

ضرورت ایک مکان کی

مصنف : وجاہت علی سندیلوی

بین الاقوامی ایڈیشن جلد منظر عام پر آرہا ہے